Mathieu-Modeste Kpodehoto

21 JOURS AVEC L'ARCHANGE SAINT MICHEL

PRIEZ POUR VOS PROJETS

Imprimatur de Mgr Paul Kouassivi Vieira,
Evêque de Djougou

Rassemblement à Son Image
14 rue des Écoliers
22200 PLOUISY

© Pour l'édition, avril 2016,
tous droits de reproduction, de traduction
et d'adaptation réservés.

Editions Multi-Média Rassemblement à Son Image
14 rue des Écoliers
22200 PLOUISY

Vous pouvez commander ce livre auprès de votre librairie habituelle
ou directement au tél : 0(033)5 65 78 01 95
www.asonimage.fr
Mail : rassemblementasonimage@gmail.com

ISBN : 978-2-36463-412-1

Hommage à Jean PLIYA qui a été un grand canal de grâce du Seigneur pour la délivrance de nombreuses âmes à travers le monde.

Par ses brillants enseignements, Jean PLIYA a su allumer en nos cœurs, la flamme charismatique que nous avons le devoir de faire briller davantage.

Qu'il ait plu au Créateur de rappeler son serviteur Jean en cette fête de l'Ascension 2015, gloire à son Saint Nom !

Que brille encore plus, la grâce du Renouveau Charismatique Catholique qu'il nous a fait découvrir au Bénin et ailleurs dans le monde. Paix éternelle à son âme.

Modeste Kpodehoto

Nihil obstat,
Djougou le 14.07.2015

+ *[signature]*
Paul VIEIRA
Evêque de Djougou

Publication autorisée par Son Excellence
Mgr Paul Kouassivi VIEIRA,
Evêque de Djougou

PREFACE

On peut être en droit de se demander pourquoi l'Église catholique dans sa mission et dans son œuvre d'évangélisation et de sanctification fait référence à l'exorcisme et aux prières de délivrance. La proposition de la Parole de Dieu et les sacrements ne suffiraient-ils pas pour permettre aux croyants de vivre leur foi en Dieu et de mener une vie libérée de tout mal ?

Des éléments de réponse à ces questions se trouvent dans le Nouveau Testament, où nous voyons Jésus mener un combat spirituel contre le ou les démons, contre Satan ou le diable. Avant de rejoindre le Père, il donne « pouvoir et autorité aux Douze pour dominer les esprits mauvais (littéralement, les démons) et pour guérir les maladies » (Mc 16, 15-17). Ainsi cette pratique de l'exorcisme ou de la délivrance dans l'Église s'inscrit dans ce combat du Christ contre les forces du mal et contre le péché, combat duquel le Christ est sorti victorieux.

Une autre réponse réconforte et invite le chrétien à recourir à cette pratique. « Ce dont l'Église a besoin en priorité aujourd'hui, c'est de se défendre contre ce mal que nous appelons le démon », déclarait le Pape Paul IV à l'audience générale du 15 novembre 1972. Et le saint Pape Jean-Paul II de dire : « Le mal, l'incohérence de l'homme, la fracture intérieure dont il est victime ne sont pas seulement des conséquences du péché originel, mais aussi l'effet de l'action dévastatrice et obscure de Satan. » Dans le même sens, au début de l'année 2006, alors qu'il était théologien de la Maison pontificale de S.S Benoît XVI, le Cardinal Georges Cottier, O.P. écrit ces mots : « L'Église doit parler du démon. En péchant, l'ange déchu n'a pas perdu tous les pouvoirs qu'il possédait, selon le plan de Dieu, pour gouverner le monde. Il utilise désormais ce pouvoir pour le mal. »

À juste titre, l'ouvrage de Mathieu Modeste Kpodehoto, qui répond à cette préoccupation de l'Église, est à la fois un témoignage vécu et une résultante d'une vie de combat menée personnellement contre le démon et ses suppôts. C'est une expérience de vie mûrie au fil des temps et mise par écrit par inspiration. Ce n'est point un livre de prière de plus, mais tout un cheminement de foi et d'espérance, de rencontre personnelle avec le Christ, transporté par l'Esprit-Saint et soutenu par l'archange saint Michel avec confiance, audace et foi. Modeste a écrit en victime et il met à la portée de tous les armes spirituelles du fidèle chrétien pour combattre et répondre à ce besoin d'aujourd'hui.

Après un certain nombre d'années de combat contre les forces du mal, je suis en droit de redire à la suite de mes aînés exorcistes, qu'il y a une triste vérité qui n'est que trop évidente : Satan semble être déchaîné, le Royaume de Dieu est en recul catastrophique, et ses membres eux-mêmes ne savent souvent plus grand-chose à ce sujet. C'est pourquoi il est grand temps que les chrétiens qui veulent vraiment le rester prennent modèle sur la première chrétienté. N'est-il pas frappant, par exemple, de voir qu'à l'heure où se multiplient les rites et pratiques de l'enfer, se raréfient toujours plus ceux du ciel ? Et quand ceux-ci subsistent, que d'amputations, d'altérations, de restrictions, d'égarements, de pertes sont à déplorer !

Nous le savons tous, le vilain redoute très particulièrement nos armes exorcistes, et pour cause ! C'est bien pour cela qu'il fait tout, et depuis longtemps, pour nous désarmer, pendant qu'il arme toujours plus ses troupes. Il fait tout pour faire croire qu'il n'existe pas. Alors raison de plus pour revenir à nos armes spirituelles, exorcistes, et ne pas nous laisser conter à ce sujet.

Un outil, un support nous est proposé pour vaincre cet ennemi commun avec les exigences que cela impose : 21 jours de combat spirituel intense avec l'archange saint Michel. Ce petit livre y contribue à sa manière. Vive Jésus !

Père Raoul André AYIOU,
Religieux Camillien,
Exorciste du Diocèse de Djougou

INTRODUCTION

« Le Prince du royaume de Perse m'a résisté pendant 21 jours, mais Michel, l'un des Premiers Princes, est venu à mon aide. Je l'ai laissé affrontant les rois de Perse » (Dn 10, 13). Voilà la source et le fondement de ces 21 jours de combat spirituel auxquels l'Esprit-Saint nous convie en compagnie de l'archange saint Michel ; non seulement pour élargir notre champ de discernement, mais surtout pour en faire une nouvelle stratégie de combat contre cet ennemi qui comme un lion rugissant, va et vient cherchant qui dévorer (1P 5, 8).

En effet, il faudra remonter ce récit du prophète Daniel pour se convaincre que le prince des ténèbres, Satan, a le pouvoir de s'opposer ou de bloquer la réalisation des bénédictions et des projets de Dieu dans notre vie, d'empêcher la manifestation de la réponse que Dieu donne à nos prières ! *« Il me dit : "Daniel, homme des prédilections, comprends les paroles que je vais te dire ; lève-toi ; me voici, envoyé à toi." Il dit ces mots et je me relevai en tremblant. Il me dit : "Ne crains point, Daniel, car du premier jour où, pour comprendre, tu as résolu de te mortifier devant ton Dieu, tes paroles ont été entendues, et c'est à cause de tes paroles que je suis venu. Le Prince du royaume de Perse m'a résisté pendant 21 jours, mais Michel, l'un des Premiers Princes, est venu à mon aide. Je l'ai laissé affrontant les rois de Perse, et je suis venu te faire comprendre ce qui adviendra à ton peuple, à la fin des jours. Car voici pour ces jours une nouvelle vision." »* (Dn 10, 11-14).

Comment pourrais-je oublier cette autre interrogation ? Dans la matinée du 24 septembre 2014 au Centre saint Ambroise de Djougou, alors que le Père exorciste du diocèse et moi préparions une présentation pour l'après-midi, son portable sonna. Après réception de l'appel, il soupira profondément et déclara : « Ce vilain-là use de toutes les stratégies. » Voici la question que nous nous sommes spontanément posés : « Satan développe de nouvelles stratégies d'attaque. Est-ce que nous, chrétiens, développons de nouvelles stratégies de prières (de contre-attaque) ? »

D'abord, cette exclamation du Père exorciste se trouve confirmée par le témoignage d'un ancien sorcier, Paul Gomez Ehounou qui déclare[1] : « Au sein de la confrérie, il y a un groupe de chercheurs qui doivent régulièrement rendre compte des résultats de leurs recherches. Elles s'articulaient autour de nouvelles techniques d'attaque, de nouvelles armes de destruction et surtout de nouveaux plans de combat. »

Rappelons-nous la révélation que saint Jean nous fait dans son récit de l'apocalypse : « *Alors, il y eut une bataille dans le ciel : Michel et ses Anges combattirent le Dragon. Et le Dragon riposta, avec ses Anges, mais ils eurent le dessous et furent chassés du ciel. On le jeta donc, l'énorme Dragon, l'antique Serpent, le Diable ou le Satan, comme on l'appelle, le séducteur du monde entier, on le jeta sur la terre et ses Anges furent jetés avec lui* » (Ap 12, 7-9). Chassés du royaume céleste et révoltés, Satan et ses anges ont décidé de renverser toutes les œuvres de Dieu sur terre. Ils ont dégainé leurs armes contre les hommes que Dieu a créés à son image et à sa ressemblance.

---

[1] Paul GOMEZ EHOUNOU, *De la sorcellerie à la lumière de Jésus-Christ*, Éd. St Paul de la Croix, 2007, p. 52.

Surtout, ne soyons pas naïfs, nous chrétiens. Nombreux sont-ils parmi nous dans nos Églises, dans nos groupes de prière, eux qui communient à l'autel de Satan. Nos prières, ils les font avec nous, ils les maîtrisent peut-être mieux. Ils savent très bien à quel moment et comment contourner nos prières pour nous attaquer. Saint Jean nous le confirme : *« Ils sont sortis de chez nous, mais ils n'étaient pas des nôtres. S'ils avaient été des nôtres, ils seraient restés avec nous. Mais il fallait que fût démontré que tous n'étaient pas des nôtres »* (1 Jn 2, 19).

Mais, devrions-nous paniquer ? Devrions-nous déserter nos Églises ? Devrions-nous fuir nos groupes de prière ? Devrions-nous abandonner ces prières que la tradition de l'Église nous a léguées ? Non !!! Le Christ ne nous dit-il pas que nous sommes dans le monde, mais que nous ne sommes pas du monde (cf. Jn 15, 19) ? La seule chose qui peut nous sauver et nous éviter l'emprise de Satan, c'est encore la prière. Une prière totalement confiante. Saint Paul ne nous dit-il pas dans sa lettre aux Romains : *« En effet, si tes lèvres confessent que Jésus est Seigneur et si ton cœur croit que Dieu l'a ressuscité des morts, tu seras sauvé. Car la foi du cœur obtient la justice, et la confession des lèvres, le salut. L'Écriture ne dit-elle pas : Quiconque croit en lui ne sera pas confondu ? »* (Rm 10, 9-11). La question à laquelle il est urgent de répondre est : Comment vivons-nous nos moments de prières ? Nous n'avons pas de faveur à faire à Satan puisque lui ne nous en fait nullement. Nous devons prendre position pour le combat !

Bonne nouvelle ! Dieu ne nous abandonne pas. Voici ce qu'Il a promis par la bouche du prophète Daniel : *« En ce temps se lèvera Michel, le grand Prince qui se tient auprès des enfants de ton peuple. Ce sera un temps d'angoisse tel qu'il n'y en aura pas eu jusqu'alors depuis que nation existe. En ce temps-là, ton peuple échappera : tous ceux qui se trouveront inscrits dans le Livre* » (Dn 12, 1).

Qui est donc l'archange saint Michel pour que Dieu lui fasse tant confiance ?

L'archange saint Michel dont le nom signifie « Qui est comme Dieu ? » (Étymologiquement à la forme interrogative, de MI KA EL : qui est comme Elohim ?), est un personnage de la Bible. Il apparaît de nombreuses fois dans la Bible. Saint Michel apparaît au voyant prophète Daniel (Dn 10, 13-21; 12, 1). Dans les visions grandioses de saint Jean au livre de l'Apocalypse (Ap 12, 7-9), enfin dans l'épître de Jude (Jude 9) où il entre en conteste avec Satan.

Le peuple Juif considérait déjà l'archange comme le protecteur d'Israël (Dn 12, 1). Dans la tradition chrétienne, le nom de saint Michel est cité juste après celui de Marie, Reine des anges, comme protecteur de l'Église. Grand Défenseur de Dieu, de l'Église de Jésus-Christ et de Son peuple chrétien, il est l'Ange Protecteur de la Sainte Croix, des Évangiles et Grand Gardien de l'Eucharistie. Saint Michel est l'Ange de Dieu le plus actif auprès de l'humanité et dont l'Église n'hésite pas à confesser les innombrables bienfaits.

Dans les saintes écritures, Michel, Raphaël et Gabriel sont les seuls saints anges désignés par leurs noms. En plus, la Bible attribue le titre « d'archange » à Michel (Jude 9), mot qui signifie « ange en chef » ou « ange principal » ou encore « prince de 1er rang ». Ce terme n'existe qu'au singulier dans la Bible. Cela laisse supposer que Dieu n'a désigné qu'un seul chef de l'armée angélique (Josué 5, 14). En cette qualité, il combattit et vainquit Satan en lui scandant « Michaël », c'est-à-dire en hébreu, « Qui est comme Dieu ? », en référence à l'orgueil de Satan qui voulait se montrer semblable au Très-Haut (Is 14, 13-15). Cette bataille est décrite par l'Apocalypse de saint Jean : « Michel et ses Anges combattirent le Dragon. Et le Dragon riposta avec ses Anges, mais ils eurent le dessous et furent chassés du ciel. » (Ap 12, 7-8). Dans le contexte des écrits johanniques, ceci signifie que saint Michel combattra et détruira l'antéchrist, comme il a fait avec lucifer au commencement.

Pour mieux le connaître et appréhender son rôle auprès des hommes, il paraît important de méditer sur des éléments symboliques qui lui sont souvent associés (voir image).

<u>La Balance</u> : Pour les chrétiens, l'archange saint Michel se trouve entre l'homme et Dieu au moment de la mort et pèse les âmes des défunts. La balance est l'emblème permettant de peser, de mesurer et d'évaluer les actions et les pensées du défunt.

<u>L'épée</u> : L'épée évoque la guerre. Toutefois, il ne s'agit pas d'une guerre destructrice cherchant à assouvir des instincts belliqueux, mais d'une guerre constructive. L'épée peut être vue comme l'emblème de la rédemption pour une adéquation entre la vie extérieure de l'homme et sa vie intérieure, spirituelle.

<u>La Cuirasse</u> : Saint Michel est très souvent représenté avec une cuirasse de chevalier qui lui colle à la peau. Cette cuirasse, ce bouclier dont le chrétien doit se revêtir pour le « combat spirituel », contre « le Mal », c'est sa Foi en Dieu. Foi inébranlable qui ne laisse pas de prise au doute et contre laquelle se brisent tous les arguments qui lui sont néfastes et toutes les tentations inutiles.

<u>L'étendard</u> : En tant que chef des armées de Dieu, saint Michel est souvent représenté à la tête d'une troupe innombrable d'Anges et portant l'étendard de la croix, emblème de ralliement des Anges restés fidèles à Dieu.

En somme, saint Michel archange est mandaté pour cette lutte du bien contre le mal, dans le monde mais aussi en nous. Il dirige ce combat spirituel en nous permettant de corriger les effets du mal et d'en tarir la source. Il est célébré le 29 septembre.

Qui est saint Michel archange ? publié sur
www.croire-et-oser-6rpima.fr

Pourquoi 21 jours de combat spirituel ?

Il est important de constater que tout en précisant les 21 jours de résistance du prince du royaume de perse à l'ange de Dieu, la Bible n'a nullement abordé le sens de ces 21 jours. Néanmoins, la confrontation de diverses sources révèle que le nombre 21 est l'expression de l'équilibre et de l'harmonie. C'est un nombre qui favorise le succès, le triomphe, l'épanouissement. Le nombre 21 pousse généralement à vouloir s'élever au plus haut, et à rechercher une certaine plénitude. Selon la tradition chrétienne, 21 (3 x 7) symbolise la perfection par excellence. Les chiffres 3 et 7 symbolisant respectivement la Trinité et la plénitude.

NB : Il est évident que 21 jours de combat spirituel pourraient paraître à nos yeux, longs et fastidieux, d'autant plus que nous sommes habitués à des prières d'au plus 9 jours (neuvaine). Mais, à l'instar du peuple d'Israël qui a traversé le désert pendant 40 ans avant de parvenir à la terre promise, n'existeraient-ils pas des situations ou des projets de notre vie pour lesquels nous prions sans issue depuis 1 an, 2 ans, 5 ans, 10 ans, etc. ? Devrait-il être un fardeau pour nous de mettre l'archange saint Michel à contribution pendant 21 jours pour briser le joug et parvenir à la victoire définitive au nom de Jésus-Christ ?

Dans quelle situation utiliser cette prière ?

Cette prière peut être utilisée dans toutes les situations où l'horizon semble s'assombrir, où nous pensons que Dieu est sourd à nos prières, où nos projets ne connaissent aucun aboutissement, etc.

Votre vie n'est-elle qu'élévation et chute, amassement et dispersion, labeur sans fruits, échec sur tous les plans, maladies, blocages systématiques, confusion, conflits, adversités, misères, pleurs, pauvreté, souffrances, oppression, humiliation, etc. ? Cette prière vous permettra de briser le mur. La parole de Dieu nous dit : *« A l'homme les projets du cœur, de Yahvé vient la réponse. Recommande à Yahvé tes œuvres, et tes projets se réaliseront » (Pr 16, 1.3).*

Cependant, cette prière n'est pas une formule magique mais plutôt un outil de combat. Une chose est d'avoir en main l'arme, mais une autre est de savoir la manipuler et de bien l'utiliser.

Mises en garde spéciales

✓ N'engagez jamais une prière de combat spirituel si vous n'êtes pas sûrs d'aller jusqu'au bout. Sinon, vous risquez d'être malmené par Satan car la première journée de cette prière est systématiquement une guerre déclenchée contre Satan. Ne déclarez pas une guerre si vous n'êtes pas sûrs de la poursuivre et de l'achever.

✓ L'autre avertissement très important est que vous ne pouvez prétendre chasser de votre vie ou rompre avec Satan si vous continuez de détenir sur vous des objets lui appartenant (talisman, amulette, gris-gris, livre de rites sataniques, etc.) ou simplement si vous continuez de mener une vie sans hygiène spirituelle (infidélité, débauche, impureté, etc.). Il est donc impérieux de se débarrasser d'abord de tout objet appartenant à Satan en se rapprochant d'un prêtre qui vous indiquera le cheminement à suivre.

Les 7 instants de chaque journée de prière

1- Brève exhortation : Il s'agit de petits extraits d'enseignements d'éminents hommes de Dieu dont le but est de nous éclairer sur l'importance du combat de chaque journée. Ces brèves exhortations journalières servent également à aiguiser notre capacité de discernement.

Dans la pharmacopée africaine, on est surpris un jour de découvrir que telle plante connue pour soigner telle maladie est aussi efficace pour soigner telle autre maladie ou du moins, en association avec d'autres plantes peuvent soigner d'autres maladies. Ne vous laissez jamais emporter par le complexe du déjà vu ou déjà connu. Même en face des extraits ou des prières déjà connus, utilisez-les avec foi. Le contexte et les combinaisons ont certainement changé.

2- Préparation : Il est clair que le terrestre ne peut entrer en communion avec le céleste sans s'y préparer. C'est l'instant de se prédisposer. Il nous est recommandé ici une démarche d'humilité et de renoncement de tout lien avec Satan.

3- Dieu te parle aujourd'hui : Chaque journée de prière est guidée par des extraits bibliques spécifiques proposés à notre méditation. Il sera très bénéfique de prendre le temps nécessaire pour bien lire, comprendre et méditer ces paroles de Dieu.

4- Prière de prise d'autorité sur Satan : C'est dans la grâce de notre baptême que se fait cette prise d'autorité, tout en s'adossant à la grâce épiscopale de l'évêque du lieu où l'on se trouve pendant la prière. C'est pourquoi elle est dite uniquement par les baptisés, puisque seul le baptême agrège au Christ et donne autorité d'agir en prêtre, prophète et roi. Aussi, cette prière est dite debout (si possible) avec mains levées vers le ciel, comme dans le combat d'Israël contre Amaleq (Ex 17, 11) : *« Lorsque Moïse tenait ses mains levées, Israël l'emportait, et quand il les laissait retomber, Amaleq l'emportait. »*

5- Inviter l'archange Michel dans le combat du jour : Qu'il vous souvienne que bien que voyant Bartimée aveugle, Jésus lui a demandé « Que veux-tu que je fasse pour toi ? » (Mc 10, 51). Ainsi l'archange saint Michel n'attend que d'être invité dans nos combats pour agir.

6- Prière à l'Auguste Reine des anges : Il s'agit de cette célèbre prière de combat dictée par Notre-Dame au Père Louis Cestac, le 13 janvier 1864.

Mon premier devoir, écrit l'abbé Cestac, fut de présenter cette prière à Mgr Lacroix, évêque de Bayonne, qui daigna l'approuver. Ce devoir accompli, j'en fis tirer 500 000 exemplaires, j'eus soin de les envoyer partout. Nous ne devons pas oublier de dire que lors de la première impression de cette prière, les presses se brisèrent par deux fois (Cf. Thierry Fourchaud, *Occultisme, Qu'en penser ?*, 2008, p. 234-235.)

7- La promesse : L'intégration de promesse à nos prières quotidiennes tient son originalité de la neuvaine *"Un Cri vers le Ciel"* de Thierry Fourchaud. On ne peut rien obtenir sans rien sacrifier. C'est pourquoi le petit cadeau ou sacrifice (sacrifice veut dire étymologiquement « rendre sacré ») que nous ferons à Dieu rendra encore plus efficaces nos prières.

En réfléchissant, nous trouverons des tas de cadeaux à offrir, "rien que pour l'aujourd'hui". Quelques exemples : aller à la messe, arrêter de fumer ou de regarder la TV une journée, un geste d'amour vers quelqu'un qui en a besoin (malades, prisonniers, etc.), un coup de fil ou une courte prière, etc.

Le programme de cette prière

Cette prière de 21 jours est répartie en 5 séquences. Il est vraiment souhaitable que ces 21 jours de combats soient menés sans discontinuité. Néanmoins, par mesure de souplesse, ces 21 jours peuvent être entrecoupés par séquences. Par exemple, faire les deux premières séquences (3 jours chacune), se donner une pause, puis la troisième séquence (9 jours), se donner encore une pause ; et finir les deux dernières séquences (3 jours chacune) en action de grâce.

1ère séquence : 3 jours d'intimité avec Dieu

1er journée : Par la fidélité et la soumission de l'archange saint Michel, sollicite la bienveillance de Dieu le Père ;

2ème journée : Par le rôle protecteur de la Croix qu'exerce l'archange saint Michel, entre en intimité avec le Fils de Dieu ;

3ème journée : Par la fidélité de l'archange saint Michel, reçois la plénitude du Saint-Esprit, source de tout combat spirituel ;

2ème séquence : 3 jours de réparation de tes relations avec cet autre

4ème journée : Par l'obéissance de l'archange saint Michel, obtiens la réparation de tes mauvaises relations avec tes parents ;

5ème journée : Par la fidélité de l'archange saint Michel à la cour céleste, reçois la grâce de pardonner à ceux qui te persécutent et œuvrent à ta destruction ;

6ème journée : Par la force spirituelle de l'archange saint Michel, bénis et demande la réussite pour tous ceux qui travaillent à ton échec ;

3ème séquence : 9 jours pour ta libération

7ème journée : Par la bienveillance de l'archange saint Michel, prie pour les âmes du purgatoire et bénéficie de leur secours ;

8ème journée : Avec l'assistance spirituelle de l'archange saint Michel, obtiens la guérison des blessures intérieures, depuis ta conception ;

9ème journée : Par l'archange saint Michel, chef de l'armée céleste, brise tous les liens maléfiques volontaires ou involontaires, perturbant l'équilibre de ta vie ;

10ème journée : Obtiens par le combat de l'archange saint Michel, la destruction de tout le dispositif de Satan déployé dans l'invisible autour de toi ;

11ème journée : Par la force guerrière de l'archange saint Michel, obtiens la libération de ton âme que Satan manipule pour influencer ta vie ;

12ème journée : Obtiens l'intervention vigoureuse de l'archange saint Michel dans la destruction de toute attaque de Satan contre ton entourage, visant à briser ton élan de réussite ;

13ème journée : Par le bras vigoureux de l'archange saint Michel, verrouille toute porte d'entrée de l'ennemi dans ta vie ;

14ème journée : Grâce à la suprématie angélique de l'archange saint Michel, vis en intimité avec ton ange gardien ;

15ème journée : Par le pouvoir de justice de l'archange saint Michel, réussis sans brimer les autres ;

4ème séquence : 3 jours pour accueillir la réussite de ton/tes projet(s)

16ème journée : Obtiens par l'archange saint Michel, excellent stratège de l'armée céleste, la meilleure orientation de tes projets de vie ;

17ème journée : Par l'autorité céleste de l'archange saint Michel, obtiens les ressources (spirituelles, financières, humaines…) nécessaires à ta réussite ;

18ème journée : Par la grandeur de foi de l'archange saint Michel, réalise ton projet sans renier ta foi en Jésus-Christ ;

5ème séquence : 3 jours de proclamation de ta victoire

19ème journée : Par la victoire de l'archange saint Michel, proclame ta victoire sur l'échec ;

20ème journée : Avec l'archange saint Michel, proclame Marie médiatrice de ta réussite ;

21ème journée : Avec l'archange saint Michel, proclame ta victoire au nom de Jésus.

Prière Finale : Litanies à saint Michel archange.

Confiance, Jésus-Christ restera toujours vainqueur de Satan. En effet, diverses intimidations subies pendant ce travail (fracture du tibia, abcès insoutenables, chute accidentelle de ma fille, etc.), portent à croire que notre ennemi Satan n'a pas voulu de son aboutissement. Mais le Seigneur est dans la barque.

1ère journée
Par la fidélité et la soumission de l'archange saint Michel, sollicite la bienveillance de Dieu le Père

Archange saint Michel, puissant ministre de Dieu

Le nom seul de Michel le désigne à notre admiration : c'est un cri d'enthousiasme et de fidélité. « Qui est semblable à Dieu ? » ainsi s'appelle notre sublime archange. Au fond des enfers, Satan frémit encore à ce nom qui lui rappelle la noble protestation par laquelle ce radieux Esprit accueillit la tentative de révolte des anges infidèles. Michel a fait ses preuves dans l'armée du Seigneur, et pour cette raison la garde et la défense du peuple de Dieu lui fut confiée, jusqu'au jour où l'héritage de la synagogue répudiée passa à l'Église chrétienne. Maintenant il est le gardien et le protecteur de l'Épouse de son Maître, notre mère commune. Son bras veille sur elle ; il la soutient et la relève dans ses épreuves, et il a la main dans tous ses triomphes.

Mais n'allons pas croire que le saint archange chargé des intérêts les plus vastes et les plus élevés pour la conservation de l'œuvre du Christ, en soit tellement surchargé qu'il n'ait pas une oreille ouverte à la prière de chacun des membres de la sainte Église. Dieu lui a donné un cœur compatissant envers nous ; et pas une seule de nos âmes n'échappe à son action. Il tient le glaive pour la défense de l'Épouse du Christ. […]

Le culte d'un si puissant ministre de Dieu, d'un si bienveillant protecteur des hommes, devait se répandre dans la chrétienté, surtout après la défaite des faux dieux, lorsqu'il n'y eut plus à craindre que les hommes fussent tentés de lui décerner les honneurs divins.

Dom Guéranger, sur la fête de la saint Michel anciennement
fêtée le 8 mai,
« <i>Apparition de saint Michel archange</i> »
www.introibo.fr/08-05-apparition-de-st-michel

Prépare-toi à entrer pleinement dans ce combat

Au nom du Père, du Fils et du Saint-Esprit. Amen !

Examen de conscience : *Un petit silence pour te souvenir de tout ce qui, dans ta vie, peut déplaire à Dieu.*

Je confesse à Dieu tout puissant. Je reconnais devant mes frères que j'ai péché, en pensée, en parole, par action et par omission. Oui, j'ai vraiment péché. C'est pourquoi je supplie la Vierge Marie, les anges et tous les saints et vous aussi mes frères de prier pour moi le Seigneur notre Dieu.

Seigneur Jésus, confiant en la protection que m'assure ton précieux sang versé sur la Croix pour racheter ma vie, je renonce à Satan et à ses œuvres. Je dénonce et je rejette tous les sacrifices, les pactes, les vœux et les promesses diaboliques auxquels j'ai participé consciemment ou inconsciemment.

Dieu te parle aujourd'hui car Il n'est ni sourd, ni aveugle

« Car j'attends de l'Éternel votre salut, une joie m'est venue du Saint, pour la miséricorde qui bientôt vous arrivera de l'Eternel, votre Sauveur. Car avec tristesse et pleurs je vous ai vus partir, mais Dieu vous rendra à moi pour toujours dans la joie et la jubilation. »

Baruch 4, 22-23

« Le Dieu que nous avons est un Dieu de délivrances, au Seigneur Yahvé sont les issues de la mort ; mais Dieu défonce la tête de ses ennemis, le crâne chevelu du criminel qui rôde. »

Psaume 68, 21-22

<u>Méditation</u> : **Que signifient pour toi ces paroles que Dieu t'adresse aujourd'hui ?** *(Prends le temps qui te convient pour bien méditer ces extraits bibliques.)*

Invite à présent l'archange saint Michel dans ton combat de ce jour

Saint Michel archange, par ta fidélité et ta soumission, tu contemples sans cesse la face du Père.

Je sais que par amitié pour toi, Dieu transformera mes pleurs en joies et mes ténèbres en lumière si tu les portes avec moi. C'est pourquoi, je viens humblement quémander ton secours et ton intercession aujourd'hui, afin que le Seigneur manifeste sa miséricorde et sa bienveillance dans ce problème qui me préoccupe................. *(Énonce la situation pour laquelle tu fais cette prière.)*

Saint Michel archange, défends-moi dans mes combats de chaque jour. (Dire 3 fois.)

Amen.

PRIÈRES QUOTIDIENNES

Prière de prise d'autorité sur Satan et ses disciples
Seigneur Jésus, par le pouvoir que tu m'as conféré à mon baptême et prenant appui sur la grâce épiscopale de Mgr................... *(Dis le nom de l'Évêque du lieu où tu te trouves)* avec le secours de l'archange saint Michel ; je prends autorité sur Satan et ses disciples.

Par la puissance de ton précieux sang, je ligote et dépose au pied de ta Sainte Croix, tous ceux qui participent ou ont participé à une quelconque réunion satanique contre moi. Dispose d'eux Seigneur.

Je proclame maintenant l'échec de tout projet maléfique planifié contre moi.

Amen.

NB *: - Cette prière est dite uniquement par les baptisés, car seul le baptême agrège au Christ et donne autorité d'agir en prêtre, prophète et roi.*

- Aussi, cette prière est dite debout (si possible) avec mains levées vers le ciel, comme dans le combat d'Israël contre Amaleq (Ex 17, 11) : « Lorsque Moïse tenait ses mains levées, Israël l'emportait, et quand il les laissait retomber, Amaleq l'emportait. »

Prière à Marie, reine des combats
Auguste Reine des Cieux et Maîtresse des Anges, vous qui avez reçu de Dieu le pouvoir et la mission d'écraser la tête de Satan, nous vous le demandons humblement, envoyez les légions célestes pour que, sous vos ordres, elles poursuivent les démons, les combattent partout, répriment leur audace et les refoulent dans l'abîme.

Qui est comme Dieu ? (Dire 3 fois.)

Ô bonne et tendre Mère, vous serez toujours notre amour et notre espérance.

Ô divine Mère, envoyez les saints anges pour nous défendre et repousser loin de nous le cruel ennemi. Saints anges et archanges, défendez-nous, gardez-nous. *Amen.*

Ta promesse pour réjouir le cœur de Dieu aujourd'hui
Seigneur, aujourd'hui je promets............ *(Offre ce que tu veux et peux à Dieu en ce jour)*

2ème journée
Par le rôle protecteur de la Croix qu'exerce l'archange saint Michel, entre en intimité avec le Fils de Dieu

Saint Michel archange, céleste gardien de la Croix du salut

Saint Michel est le céleste gardien de la Croix, signe sacré de notre rédemption, de nos espérances éternelles et de notre force contre les puissances du mal. Pourrait-il ne pas être le protecteur spécial de la croix, lui qui, selon les docteurs et les interprètes des saints Évangiles, recueillait avec amour le sang précieux qui jaillissait du Calvaire, et l'offrait à Dieu conjointement avec Jésus et Marie pour le salut du genre humain ?

Depuis le jour où il a arboré au ciel l'étendard de la foi et de l'obéissance, en arrachant à Lucifer celui de la révolte, il en est l'invincible et glorieux dépositaire. C'est le sentiment de l'Église qui, dans ses prières, donne le nom de Porte-drapeau à l'archange et chante : « Pendant que des milliers d'Anges forment une couronne de chefs et de combattants autour de Notre-Seigneur, saint Michel déploie l'étendard de la Croix, et en fait resplendir au loin la souveraine majesté. »

Ce rôle tutélaire de saint Michel pour la Croix durera jusqu'au jour où, précédant Notre-Seigneur à son dernier avènement, il prendra et portera majestueusement ce trophée de l'amour de Dieu, pour l'offrir en spectacle à toute la création tremblante et renouvelée.

Mais aussi quelle joie nous donnons à saint Michel, lorsque nous la pressons tendrement sur nos lèvres, la saluons avec respect et en traçons le signe auguste sur notre front ou sur notre poitrine !

Ô croix bien-aimée, reste sur mon cœur pour compter ses pulsations et les diriger vers le Ciel ! Sois mon guide, mon défenseur, ma consolation, et prêche-moi toujours l'immense amour de mon Dieu !

Extrait du site du groupe de prière
« *L'Armée de Saint Michel archange* »
www.saintespritdeverite.e-monsite.com

Prépare-toi à entrer pleinement dans ce combat

Au nom du Père, du Fils et du Saint-Esprit. Amen !

Examen de conscience : *Un petit silence pour te souvenir de tout ce qui, dans ta vie, peut déplaire à Dieu.*

Je confesse à Dieu tout puissant. Je reconnais devant mes frères que j'ai péché, en pensée, en parole, par action et par omission. Oui, j'ai vraiment péché. C'est pourquoi je supplie la Vierge Marie, les anges et tous les saints et vous aussi mes frères de prier pour moi le Seigneur notre Dieu.

Seigneur Jésus, confiant en la protection que m'assure ton précieux sang versé sur la Croix pour racheter ma vie, je renonce à Satan et à ses œuvres. Je dénonce et je révoque toute alliance établie dans ma vie avec tout démon et royaume de pauvreté, de souffrance, de maladie et d'échec.

Dieu te parle aujourd'hui car Il n'est ni sourd, ni aveugle

« Quel est le vainqueur du monde, sinon celui qui croit que Jésus est le Fils de Dieu ? C'est lui qui est venu par eau et par sang : Jésus-Christ, non avec l'eau seulement mais avec l'eau et avec le sang. Et c'est l'Esprit qui rend témoignage, parce que l'Esprit est la Vérité. Il y en a ainsi trois à témoigner : l'Esprit, l'eau, le sang, et ces trois tendent au même but. »

1 Jean 5, 5-8

« Et ils sont justifiés par la faveur de sa grâce en vertu de la rédemption accomplie dans le Christ Jésus : Dieu l'a exposé, instrument de propitiation par son propre sang moyennant la foi ; il voulait montrer sa justice, du fait qu'il avait passé condamnation sur les péchés commis jadis au temps de la patience de Dieu ; il voulait montrer sa justice au temps présent, afin d'être juste et de justifier celui qui se réclame de la foi en Jésus. »

Epître de Paul aux Romains 3, 24-26

<u>Méditation</u> : Que signifient pour toi ces paroles que Dieu t'adresse aujourd'hui ? *(Prends le temps qui te convient pour bien méditer ces extraits bibliques.)*

Invite à présent l'archange saint Michel dans ton combat de ce jour

Saint Michel archange, depuis le jour où tu as arboré au ciel la Croix glorieuse, étendard de la foi et de l'obéissance, tu jouis depuis toujours de l'admiration du Christ et de son Église.

Je sais que par amitié pour toi, Jésus transformera mes pleurs en joies et mes ténèbres en lumière si tu les portes avec moi. C'est pourquoi, je viens humblement quémander ton secours et ton intercession aujourd'hui, afin que Jésus-Christ me donne la victoire sur ce problème qui me préoccupe ………………… *(Énonce la situation pour laquelle tu fais cette prière.)*

Saint Michel archange, défends-moi dans mes combats de chaque jour. (Dire 3 fois.)

Amen.

***

Dire les prières quotidiennes (pages 26-27)

3ème journée
Par la fidélité de l'archange saint Michel, reçois la plénitude du Saint-Esprit, source de tout combat spirituel

Remplis de l'Esprit du Christ pour combattre Satan

Voici les trois domaines dans lesquels le Saint-Esprit va nous aider à convaincre tout pécheur :

1. <u>Convaincre le monde de péché</u> et Jésus précise ce qu'est le péché principal : « car ils ne croient pas en moi ». La notion humaine du péché est à côté de la vérité : « Je n'ai pas tué, je n'ai pas volé donc je n'ai pas péché. » Le vrai péché, c'est de faire Dieu menteur en refusant de croire que Jésus est le Fils de Dieu, le Sauveur des hommes, mort et ressuscité et qu'Il revient. Le vrai péché, c'est de désobéir à la Parole de Dieu, c'est de ne faire aucun cas du sacrifice de Jésus, de fermer les

oreilles et le cœur à l'appel de Dieu. Le Saint-Esprit vient convaincre de cette grande vérité qui dépasse tout raisonnement.

2. <u>Convaincre le monde de justice</u> : quelle est cette justice ? Jésus précise : je m'en vais au Père. Il est allé présenter son sang qui nous lave de tous péchés et il a déchiré le voile qui nous séparait de Dieu. Nous sommes devenus des enfants de Dieu, nos péchés sont pardonnés et Dieu est juste en pardonnant nos péchés, car Jésus est l'Agneau de Dieu qui a donné lui-même sa vie pour nous, il est mort à notre place et nous sommes devenus justes devant Dieu à cause de la mort de Jésus. La justice de Dieu s'est manifestée sur la Croix : le péché est très grave et doit être puni. Christ a souffert, lui le juste, pour chaque pécheur, pour chacun de nous.

3. <u>Convaincre le monde de jugement</u> : Jésus veut que le monde sache que le Diable est vaincu et que nous n'avons plus à vivre sous la domination du Diable et du péché et Jésus précise : le prince de ce monde est jugé. Une nouvelle vie est à notre portée. C'est le Diable qui est à l'origine du péché, c'est lui qui a poussé Adam et Ève à se révolter contre Dieu, mais déjà en Éden, Dieu a promis la défaite du Diable par la postérité de la femme. Nous comprenons que sans l'assistance du Saint-Esprit, nous ne pourrons jamais travailler efficacement à l'avancement du Royaume de Dieu. Certains ont du mal à amener au Seigneur leur famille, leurs amis, car ils font la morale, ils les reprennent pour leur mauvaise conduite. Annonçons, comme Jésus le demande, l'amour de Dieu et demandons au Saint-Esprit de les convaincre de péché, de justice et de jugement. C'est pour cela que le Saint-Esprit est venu en nous.

Edouard Kowalski, *L'esprit prend ce qui est à Christ pour nous l'annoncer,*
www.topchretien.jesus.net

Prépare-toi à entrer pleinement dans ce combat
Au nom du Père, du Fils et du Saint-Esprit. Amen !

Examen de conscience : *Un petit silence pour te souvenir de tout ce qui, dans ta vie, peut déplaire à Dieu.*

Je confesse à Dieu tout puissant. Je reconnais devant mes frères que j'ai péché, en pensée, en parole, par action et par omission. Oui, j'ai vraiment péché. C'est pourquoi je supplie la Vierge Marie, les anges et tous les saints et vous aussi mes frères de prier pour moi le Seigneur notre Dieu.

Seigneur Jésus, confiant en la protection que m'assure ton précieux sang versé sur la Croix pour racheter ma vie, je renonce à Satan et à ses œuvres. Je dénonce et je brise toute alliance négative qui amène l'oppression, l'humiliation et qui empêche mon épanouissement sur tous les plans.

Dieu te parle aujourd'hui car Il n'est ni sourd, ni aveugle

« Lui qui nous a donné d'avoir accès par la foi à cette grâce en laquelle nous sommes établis et nous nous glorifions dans l'espérance de la gloire de Dieu. Que dis-je ? Nous nous glorifions encore des tribulations, sachant bien que la tribulation produit la constance, la constance une vertu éprouvée, la vertu éprouvée l'espérance. Et l'espérance ne déçoit point, parce que l'amour de Dieu a été répandu dans nos cœurs par le Saint-Esprit qui nous fut donné. »

Epître de Paul aux Romains 5, 2-5

« Et la preuve que vous êtes des fils, c'est que Dieu a envoyé dans nos cœurs l'Esprit de son Fils qui crie : Abba, Père ! Aussi n'es-tu plus esclave mais fils ; fils, et donc héritier de par Dieu. Jadis, dans votre ignorance de Dieu, vous fûtes asservis à des dieux qui au vrai n'en sont pas. »

Epître de Paul aux Galates 4, 6-8

Méditation : Que signifient pour toi ces paroles que Dieu t'adresse aujourd'hui ? *(Prends le temps qui te convient pour bien méditer ces extraits bibliques.)*

Invite à présent l'archange saint Michel dans ton combat de ce jour

Saint Michel archange, par ton obéissance à l'Esprit-Saint tu as reçu grâce auprès de Dieu et de son Fils Jésus-Christ.

Je sais que par amitié pour toi, l'Esprit-Saint transformera mes pleurs en joies et mes ténèbres en lumière si tu les portes avec moi. C'est pourquoi, je viens humblement quémander ton secours et ton intercession aujourd'hui, afin que le feu divin consume tous les obstacles qui se dressent sur mon chemin, notamment .... *(Énonce la situation pour laquelle tu fais cette prière.)*

Saint Michel archange, défends-moi dans mes combats de chaque jour. (Dire 3 fois.)

Amen.

***

Dire les prières quotidiennes (pages 26-27)

4ème journée
Par l'obéissance de l'archange saint Michel, obtiens la réparation de tes mauvaises relations avec tes parents

Honore ton père et ta mère par obéissance à Dieu

Le Cinquième Commandement déclare : « Honore ton père et ta mère afin de jouir d'une longue vie dans le pays que l'Eternel ton Dieu te donne » (Ex 20, 12). Ce commandement doit être pris au sérieux, non seulement parce que c'est une question de révélation de l'Ancien Testament, mais parce que l'obligation d'honorer nos parents est un sujet qui est réitéré et confirmé dans le Nouveau Testament : « Vous, enfants, obéissez à vos parents à cause du Seigneur, car c'est là ce qui est juste. Honore ton père et ta mère : c'est le premier commandement auquel une promesse est rattachée : pour que tu sois heureux et que tu jouisses d'une longue vie sur la terre. » (Ép 6, 1-3).

Nous honorons Dieu quand nous honorons nos parents. Non seulement nous honorons nos parents quand nous honorons Dieu, mais nous honorons aussi Dieu quand nous honorons vraiment nos parents. Nous honorons Dieu parce que nous obéissons à son commandement d'honorer nos parents. Ainsi, nous voyons que la norme est qu'honorer les parents accomplit deux choses à la fois : nous rendons honneur aux parents et à Dieu.

Mais, si quelqu'un a des parents qui ne sont pas dignes d'honneur ? Nous connaissons beaucoup d'enfants dont les parents ont tout fait pour ruiner leurs vies. Les enfants qui furent physiquement, émotionnellement ou sexuellement abusés devant vivre avec les effets de cet abus pour le reste de leurs vies, comment ces enfants peuvent-ils honorer leurs parents ?

Quand un enfant rend honneur à un parent indigne, méchant et le fait parce qu'il reconnaît que Dieu l'a destiné à avoir cette position d'autorité et d'honneur, il se soumet à la volonté souveraine de Dieu. Honorer un parent indigne ouvre ainsi la porte pour quelqu'un de voir la bonne main de Dieu agir dans sa vie.

Extrait d'un enseignement de Robert L.
www.bible.org

Prépare-toi à entrer pleinement dans ce combat
Au nom du Père, du Fils et du Saint-Esprit. Amen !

Examen de conscience : *Un petit silence pour te souvenir de tout ce qui, dans ta vie, peut déplaire à Dieu.*

Je confesse à Dieu tout puissant. Je reconnais devant mes frères que j'ai péché, en pensée, en parole, par action et par omission. Oui, j'ai vraiment péché. C'est pourquoi je supplie la Vierge Marie, les anges et tous les saints et vous aussi mes frères de prier pour moi le Seigneur notre Dieu.

Seigneur Jésus, confiant en la protection que m'assure ton précieux sang versé sur la Croix pour racheter ma vie, je renonce à Satan et à ses œuvres. Je dénonce et j'anéantis les jougs liés à toute alliance négative établie par mes parents en mon nom par la puissance du sang de Jésus.

Dieu te parle aujourd'hui car Il n'est ni sourd, ni aveugle

« Enfants, écoutez-moi, je suis votre père, faites ce que je vous dis, afin d'être sauvés. Car le Seigneur glorifie le père dans ses enfants, il fortifie le droit de la mère sur ses fils. Celui qui honore son père expie ses fautes, celui qui glorifie sa mère est comme quelqu'un qui amasse un trésor. Celui qui honore son père trouvera de la joie dans ses enfants, au jour de sa prière il sera exaucé. Car une charité faite à un père ne sera pas oubliée, et, pour tes péchés, elle te vaudra réparation. Au jour de ton épreuve Dieu se souviendra de toi, comme glace au soleil, s'évanouiront tes péchés. Tel un blasphémateur, celui qui délaisse son père, un maudit du Seigneur, celui qui fait de la peine à sa mère. »

Siracide 3, 1-5; 14-16

<u>Méditation</u> **: Que signifie pour toi cette parole que Dieu t'adresse aujourd'hui ?** *(Prends le temps qui te convient pour bien méditer cet extrait biblique.)*

Invite à présent l'archange saint Michel dans ton combat de ce jour

Saint Michel archange, par ton obéissance à la Sainte Trinité, tu demeures dans l'intimité éternelle de Dieu le Père.

Je sais que par amitié pour toi, le Seigneur transformera mes pleurs en joies et mes ténèbres en lumière si tu les portes avec moi. C'est pourquoi, je viens humblement quémander ton secours et ton intercession aujourd'hui, afin que le sang du Christ m'obtienne la réparation des déshonneurs conscients ou inconscients infligés à mes parents et qui constituent aujourd'hui un blocage sur tous les plans de ma vie, notamment................... *(Énonce la situation pour laquelle tu fais cette prière.)*

Saint Michel archange, défends-moi dans mes combats de chaque jour. (Dire 3 fois.)
Amen.

***

Dire les prières quotidiennes (pages 26-27)

5ème journée
Par la fidélité de l'archange saint Michel à la cour céleste, reçois la grâce de pardonner à ceux qui te persécutent
et œuvrent à ta destruction

Le pardon, acte de paix intérieur et de bénédiction

Aucun de mes disciples ne doit haïr quiconque, même son pire ennemi. Vous devez aimer tous les gens, même vos persécuteurs. Je vous ai donné l'exemple quand j'étais suspendu à la croix. Avant de mourir, j'ai pardonné à tous ceux qui m'avaient frappé, contraint à porter ma croix, cloué à cette croix et accablé d'insultes. J'ai prié ainsi : « Père, pardonne-leur, ils ne savent pas ce qu'ils font. » Si vous avez la moindre haine envers quelqu'un, tournez votre regard vers la croix et sachez que j'ai pardonné à tous ceux qui m'ont fait mourir.

Mes chers frères et mes chères sœurs, je sais combien il est difficile de pardonner à ceux qui vous ont blessés ou insultés, mais prenez à cœur mes paroles et commencez à leur pardonner. Je ne puis habiter dans un cœur plein de haine, et sachez qu'un tel sentiment n'apportera à votre cœur qu'obscurité et agitation. C'est uniquement en pardonnant comme je l'ai fait que vous pourrez retrouver la paix. Il vous faudra peut-être des jours pour arriver à pardonner à votre frère ou à votre sœur et retrouver ainsi la paix et la lumière, mais vous réussirez si vous y mettez tout votre cœur. Je vous invite à prier pour ceux qui vous en veulent ou vous insultent. Votre prière leur sera d'un grand secours pour les conduire à moi et se sentir honteux de ce qu'ils ont fait. Le temps venu, ils viendront à vous pour renouer leur amitié avec vous. Alors votre ennemi deviendra votre ami. Alors pardonnez à tous ceux qui vous ont blessés de quelque manière. Il ne faut pas que vous gardiez de haine au cœur envers quiconque, peu importe ce qu'on vous a fait. Pardonnez de tout cœur, même si vous n'avez aucune envie de le faire. Faites l'acte de volonté d'aimer la personne parce que je vous en ai donné l'exemple.

Extrait d'un message de Jésus transcrit par le Père Melvin Doucette le 31 août 2008
www.vincent.detarle.perso.sfr.fr

Prépare-toi à entrer pleinement dans ce combat

Au nom du Père, du Fils et du Saint-Esprit. Amen !

Examen de conscience : *Un petit silence pour te souvenir de tout ce qui, dans ta vie, peut déplaire à Dieu.*

Je confesse à Dieu tout puissant. Je reconnais devant mes frères que j'ai péché, en pensée, en parole, par action et par omission. Oui, j'ai vraiment péché. C'est pourquoi je supplie la Vierge Marie, les anges et tous les saints et vous aussi mes frères de prier pour moi le Seigneur notre Dieu.

Seigneur Jésus, confiant en la protection que m'assure ton précieux sang versé sur la Croix pour racheter ma vie, je renonce à Satan et à ses œuvres. Je dénonce et je brise toute alliance maléfique avec les esprits de condamnation, de confusion, de conflits qui détruisent mes destinées et mes bénédictions. J'agis par la puissance de la croix glorieuse du Christ.

Dieu te parle aujourd'hui car Il n'est ni sourd, ni aveugle

« Eh bien ! Moi je vous dis : aimez vos ennemis, et priez pour vos persécuteurs, afin de devenir fils de votre Père qui est aux cieux, car il fait lever son soleil sur les méchants et sur les bons, et tomber la pluie sur les justes et sur les injustes. Car si vous aimez ceux qui vous aiment, quelle récompense aurez-vous ? Les publicains eux-mêmes n'en font-ils pas autant ? Et si vous réservez vos saluts à vos frères, que faites-vous d'extraordinaire ? Les païens eux-mêmes n'en font-ils pas autant ? Vous donc, vous serez parfaits comme votre Père céleste est parfait. »

Matthieu 5, 44-48

Méditation : Que signifie pour toi cette parole que Dieu t'adresse aujourd'hui ? *(Prends le temps qui te convient pour bien méditer cet extrait biblique.)*

Invite à présent l'archange saint Michel dans ton combat de ce jour

Saint Michel archange, par ton obéissance et ta fidélité à la cour céleste, tu es reconnu digne de confiance par Dieu le Père.

Je sais que par amitié pour toi, le Seigneur transformera mes pleurs en joies et mes ténèbres en lumière si tu les portes avec moi. C'est pourquoi, je viens humblement quémander ton secours et ton intercession aujourd'hui, afin que par mon pardon à ceux qui me persécutent et œuvrent à ma destruction, le sang du Christ puisse me racheter et m'ouvrir toutes les portes qui m'étaient fermées, notamment……………….. *(Énonce la situation pour laquelle tu fais cette prière.)*

Saint Michel archange, défends-moi dans mes combats de chaque jour. (Dire 3 fois.)

Amen.

***

Dire les prières quotidiennes (pages 26-27)

6ème journée
Par la force spirituelle de l'archange saint Michel, bénis et demande la réussite pour tous ceux qui travaillent à ton échec

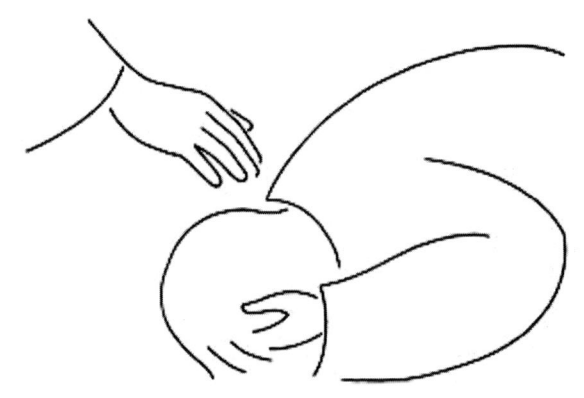

Bénissez ceux qui vous persécutent : une arme puissante de combat spirituel

C'est bon de pardonner, mais c'est encore bien de bénir ceux à qui l'on a pardonné. Cela correspond à la recommandation de Jésus qui nous dit : « bénissez ceux qui vous maudissent » (Lc 6, 28). Les fruits qui s'y rattachent sont immenses surtout lorsque vous bénissez l'autre exactement dans le domaine où il vous a causé du tort. De façon plus concrète, celui dont l'offense a causé du tort à votre vie professionnelle, bénissez-le dans sa vie professionnelle avec bon cœur. Souhaitez-lui le progrès professionnel et la prospérité. C'est une vertu puissante dans la parole de Dieu. Ou bien encore, celui dont l'offense vous a fait souffrir dans votre vie sentimentale, souhaitez-lui de tout cœur le bonheur et la paix d'une vie conjugale et familiale joyeuse et épanouie. Ou bien encore, celui dont l'offense vous a fait perdre de l'argent, souhaitez-lui de tout cœur l'abondance et la prospérité.

Et le sorcier qui attaque et détruit votre santé, devez-vous le bénir aussi ? Oui ! Il lui faut souhaiter de tout cœur une bonne santé et la longévité car en relisant Luc 6, 27-28, le Seigneur va dire ceci : « Oui, je vous le dis à vous qui m'écoutez : aimez vos ennemis, faites du bien à ceux qui vous détestent, bénissez ceux qui vous maudissent, priez pour ceux qui vous calomnient ».

Chers frères et sœurs, je vous assure que toute personne qui ose faire cette démarche à quatre volets voit se manifester dans sa vie, la puissance de libération du Seigneur. Je l'ai toujours expérimenté avec les personnes que je rencontre. Lorsqu'on le vit de tout cœur, la puissance de Dieu se met en œuvre dans notre vie et nous libère. Lorsque vous pardonnez à un sorcier, vous brisez déjà sa puissance contre vous.

Quand vous pardonnez aux sorciers, vous prenez de l'avance dans le domaine spirituel. Vous devez savoir qu'en menant des combats spirituels, vous n'attaquez pas des personnes, mais des esprits (cf. Ep 6, 12). Vous ne combattez pas le sorcier en tant que personne, mais c'est plutôt l'esprit qui est en lui que vous combattez. Ainsi en le bénissant, vous vous êtes libérés des puissances mauvaises qui peuvent aller de lui vers vous. Vous barrez le chemin. En voici la raison : la bénédiction est lumière et la malédiction est ténèbres, et lorsque quelqu'un vous maudit, il vous envoie les ténèbres. Alors que dans le domaine spirituel, les choses vont toujours en ligne droite, il n'y a pas de détour. Quand le sorcier vous envoie le maléfice, c'est en ligne droite vers vous. Mais si vous de là-bas, vous lui envoyez la bénédiction, c'est aussi en ligne droite vers lui. Donc malédiction et bénédiction vont se croiser quelque part en chemin. Or la malédiction est ténèbres et la bénédiction est lumière. Lorsqu'ils se croisent, la lumière fait disparaître les ténèbres. Voilà pourquoi il faut oser continuer à bénir quelle que soit la personne qui vous fait mal et ça donnera toujours des fruits et pour vous et pour lui.

Fr Euloge COOVI CHEKETE,
7ème Congrès Panafricain du Renouveau Charismatique Catholique
à Cotonou du 25-30 août 2013

Prépare-toi à entrer pleinement dans ce combat

Au nom du Père, du Fils et du Saint-Esprit. Amen !

Examen de conscience : *Un petit silence pour te souvenir de tout ce qui, dans ta vie, peut déplaire à Dieu.*

Je confesse à Dieu tout puissant. Je reconnais devant mes frères que j'ai péché, en pensée, en parole, par action et par omission. Oui, j'ai vraiment péché. C'est pourquoi je supplie la Vierge Marie, les anges et tous les saints et vous aussi mes frères de prier pour moi le Seigneur notre Dieu.

Seigneur Jésus, confiant en la protection que m'assure ton précieux sang versé sur la Croix pour racheter ma vie, je renonce à Satan et à ses œuvres. Je dénonce et je vous rejette, vous alliances maléfiques qui séparez ma vie du progrès, de la bénédiction, de la faveur, de la capacité de servir et d'aimer Dieu plus profondément, de la bonne santé, de la bonne chance. Soyez brisées, anéanties et à jamais effacées par le sang de Jésus-Christ. Amen !

Dieu te parle aujourd'hui car Il n'est ni sourd, ni aveugle

« Elle le garda de ses ennemis et le protégea de ceux qui lui dressaient des embûches ; elle lui donna la palme en un rude combat, pour qu'il sût que la piété est plus puissante que tout. C'est elle qui n'abandonna pas le juste vendu, mais elle l'arracha au péché ; elle descendit avec lui dans la citerne, elle ne le délaissa pas dans les fers, jusqu'à ce qu'elle lui eût apporté le sceptre royal et l'autorité sur ceux qui le tyrannisaient, jusqu'à ce qu'elle eût convaincu de mensonge ceux qui l'avaient diffamé et qu'elle lui eût donné une gloire éternelle. »

Sagesse 10, 12-14

« Enfin, vous tous, en esprit d'union, dans la compassion, l'amour fraternel, la miséricorde, l'esprit d'humilité, ne rendez pas mal pour mal, insulte pour insulte. Bénissez, au contraire, car c'est à cela que vous avez été appelés, afin d'hériter la bénédiction. »

1Pierre 3, 8-9

<u>Méditation</u> : **Que signifient pour toi ces paroles que Dieu t'adresse aujourd'hui ?** *(Prends le temps qui te convient pour bien méditer ces extraits bibliques.)*

Invite à présent l'archange saint Michel dans ton combat de ce jour

Saint Michel archange, par ta force spirituelle, tu ne veux délaisser aucune âme souffrir aux mains de Satan.

Je sais que par amitié pour toi, le Seigneur transformera mes pleurs en joies et mes ténèbres en lumière si tu les portes avec moi. C'est pourquoi, je viens humblement quémander ton secours et ton intercession aujourd'hui, pour bénir et demander la réussite pour tous ceux qui travaillent à mon échec, afin que la miséricorde du Christ puisse m'ouvrir toutes les portes du progrès qui m'étaient fermées, notamment................. *(Énonce la situation pour laquelle tu fais cette prière.)*

Saint Michel archange, défends-moi dans mes combats de chaque jour. (Dire 3 fois.)

Amen.

***

Dire les prières quotidiennes (pages 26-27)

7ème journée
Par la bienveillance de l'archange saint Michel, prie pour les âmes du purgatoire et bénéficie de leur secours

Les âmes du purgatoire au secours des vivants

C'était dans la nuit du jeudi 11 au vendredi 12 février 1999, aux environs de minuit, où après une séance de prière avec une religieuse et mon stagiaire, la religieuse a été attaquée de nuit. Alors que j'étais au réfectoire, le stagiaire vint en courant me voir, en disant qu'il entendait des cris et des bruits pareils à ceux d'une violente bagarre dans la chambre de la religieuse. Je me rendis chez la sœur, accompagné du stagiaire et du père Roger. Dès notre entrée chez la sœur, je la vis avec un lot de rameaux à la main, flagellant un être imaginaire. Je brandis mon crucifix vers elle en invoquant le précieux sang de Jésus. Et elle donna son dernier coup de rameaux dans le vide et fit tomber un gros poisson, une carpe. Ensuite, elle-même tomba toute raide. Au sol, on pouvait dénombrer huit géantes carpes toutes fraîches qu'elle avait fait tomber à l'occasion.

Chacune des carpes portait dans la bouche un bout de tissu blanc imbibé d'huile rouge, une noix de palme, un cauris ou « ajikwin ». Ensuite deux calebasses sorcières contenant chacune de petites calebasses étaient soigneusement emballées avec des feuilles de palmier dans un linge blanc tacheté d'huile.

Nous avons prié sur la religieuse de minuit à 5 h du matin, heure à laquelle elle revint de son état second. Alors, je lui posai la question de savoir ce qui s'était passé et elle me dit : « Je dormais dans mon lit quand je commençai à rêver. Je me suis retrouvée debout sous un grand arbre. J'avais en face de moi quelque chose monstrueux et de chimérique : des êtres dont la moitié inférieure était du poisson et la moitié supérieure était l'ombre d'une forme humaine. À côté de ces êtres qui étaient au nombre de huit, se tenaient deux autres de formes humaine à part entière. Il faut noter que j'ai reconnu deux personnes parmi les hommes-poissons. Ces deux-là étaient actrices dans la maladie de ceux sur qui nous avions prié. Il s'agit d'un jeune de 11 ans venant de Djougou et d'une fille de 15 ans venant de Porto-Novo. Et les objets qui sont dans la bouche des poissons étaient les mêmes objets qui étaient sortis du corps des deux malades au cours de la prière. L'un des hommes-poissons tenait en main une lanière. Les hommes-poissons ne semblaient pas bouger, mais s'approchaient de moi de plus près. J'étais comme hypnotisée, immobilisée. Et j'essayais donc en vain de me mouvoir pour les affronter. Quelqu'un tenant une lanière, cherchait à m'étreindre ; mais il n'y arrivait pas. Et je tentai de lui arracher sa chicotte ; mais je ne saisis que de l'air. Je pris peur et me mis à invoquer le précieux sang de Jésus en ajoutant : Jésus Marie Joseph, sauvez-moi. Cela les fit reculer d'un pas. J'invoquai les Anges gardiens et les âmes du purgatoire. Je remarquai aussitôt qu'il y avait un autre groupe de silhouettes derrière moi. La panique était à son comble. Cependant, je priais de plus belle. C'est alors que je me sentis de plus en plus forte pour combattre. Je reconnus la silhouette de feu mon père. Je compris alors que les âmes du purgatoire que je venais d'invoquer étaient venues à mon secours. D'un geste de main, mon père arracha de la main des hommes-poissons la lanière dont ils se servaient pour me frapper et me la rendit. Je me mis dès lors à battre mes agresseurs. Je commençai par les ombres humaines. Au fur et à mesure qu'elles recevaient les coups, elles prenaient la forme d'une calebasse et tombaient. Ensuite je passai aux hommes-poissons. Chaque homme-poisson que je battais devenait sous les coups un poisson entier qui tombait devant moi. C'est ainsi que tous devinrent poissons. »

Alors je dis à la religieuse : « tu n'as pas seulement fait un rêve, ton cauchemar est une réalité. Les poissons sont effectivement tombés dans ta chambre avec deux calebasses. » « C'est faux » ; reprit-elle. « Si je ne vois pas de mes yeux, je ne croirai pas ». Je la conduisis dans sa chambre. À peine avait-elle vu les poissons et les calebasses au sol, qu'elle poussa un grand cri et s'évanouit. Il y eut stupeur générale. On la réanima. Traumatisée, la religieuse est restée dans un climat de peur et d'agitation pendant trois jours avant de retrouver tous ses sens.

Ce phénomène continue de provoquer en moi une série d'interrogations que le temps m'aidera certainement à comprendre.

Abbé Pamphile FANOU, *« L'exorcisme face aux nouveau défis de la sorcellerie »,* 2008, p. 59-62 (l'Abbé P. FANOU est l'exorciste de l'archidiocèse de Cotonou, Bénin)

Prépare-toi à entrer pleinement dans ce combat
Au nom du Père, du Fils et du Saint-Esprit. Amen !

<u>***Examen de conscience***</u> : *Un petit silence pour te souvenir de tout ce qui, dans ta vie, peut déplaire à Dieu.*

Je confesse à Dieu tout puissant. Je reconnais devant mes frères que j'ai péché, en pensée, en parole, par action et par omission. Oui, j'ai vraiment péché. C'est pourquoi je supplie la Vierge Marie, les anges et tous les saints et vous aussi mes frères de prier pour moi le Seigneur notre Dieu.

Seigneur Jésus, confiant en la protection que m'assure ton précieux sang versé sur la Croix pour racheter ma vie, je renonce à Satan et à ses œuvres. Je dénonce et je brise toute alliance négative qui amène les problèmes répétés dans ma lignée familiale et qui travaille contre moi, au Nom de Jésus.

Dieu te parle aujourd'hui car Il n'est ni sourd, ni aveugle

« Car, s'il n'avait pas espéré que les soldats tombés dussent ressusciter, il était superflu et sot de prier pour les morts, et s'il envisageait qu'une très belle récompense est réservée à ceux qui s'endorment dans la piété, c'était là une pensée sainte et pieuse. Voilà pourquoi il fit faire ce sacrifice expiatoire pour les morts, afin qu'ils fussent délivrés de leur péché. »

2 Maccabées 12, 44-45

<u>**Méditation**</u> **: Que signifie pour toi cette parole que Dieu t'adresse aujourd'hui ?** *(Prends le temps qui te convient pour bien méditer cet extrait biblique.)*

Invite à présent l'archange saint Michel dans ton combat de ce jour

Saint Michel archange, par ta bienveillance, le Père t'a donné le pouvoir de veiller sur les âmes, même celles du purgatoire.

Je sais que par amitié pour toi, le Seigneur transformera mes pleurs en joies et mes ténèbres en lumière si tu les portes avec moi. C'est pourquoi, je viens humblement quémander ton secours et ton intercession aujourd'hui, afin que le Sang du Christ purifie toutes les âmes du purgatoire de ma lignée familiale en vue de leur intervention positive dans mes difficultés, notamment .... *(Énonce la situation pour laquelle tu fais cette prière.)*

Saint Michel archange, défends-moi dans mes combats de chaque jour. (Dire 3 fois.)
Amen.

***

Dire les prières quotidiennes (pages 26-27)

8ᵉᵐᵉ journée
Avec l'assistance spirituelle de l'archange saint Michel, obtiens la guérison des blessures intérieures, depuis ta conception

Pourquoi rechercher la guérison intérieure ?

Alors que Jésus veut guérir les cœurs blessés (Luc 4, 18), l'ennemi veut nous détruire ou nous maintenir prisonniers de nos problèmes. Jésus lui-même dit qu'il a été envoyé par son Père pour « guérir ceux qui ont le cœur brisé, pour publier aux captifs la libération et aux aveugles le recouvrement de la vue et pour libérer les opprimés. »

Par contre, n'oublions pas que notre ennemi se réjouit lorsque les chrétiens restent, leur vie durant, avec des blessures ouvertes qui les affaiblissent. Il déteste nous voir heureux, libérés, épanouis, ou guéris, donc efficaces pour en aider d'autres pour les amener à la liberté. Il est le « meurtrier », il « poursuit notre âme », il est le « voleur et le brigand », il vient pour « dérober, égorger et détruire », il nous fait douter de la Parole de Dieu : « Dieu a-t-il réellement dit » qu'il peut guérir les blessures de mon cœur et de mon subconscient ?

Sa ruse est de se faire oublier en nous faisant croire que ce sont nos propres pensées ou en grossissant nos problèmes au point que nous désespérions d'en sortir. Si nous savons le reconnaître dans les tentations venant de l'extérieur, souvent nous oublions qu'il peut trouver un accès au travers des problèmes non résolus de notre vie. « Car c'est du dedans, du cœur des hommes que sortent les mauvaises pensées, les adultères, les impudicités, les meurtres […] » (Mt 15, 19). « Vous serez comme un homme qui fuit devant un lion et qui rencontre un ours, qui gagne sa demeure, appuie sa main sur la muraille et que mord un serpent » (Amos 5, 19). Si le serpent nous mord c'est qu'il peut pénétrer par une faille, et la muraille ici est une image de notre personnalité.

Alors l'ennemi va tout faire pour empêcher que se reconstruisent les brèches de notre personnalité, car s'il n'y a plus de brèches, si les blessures sont cicatrisées, nous pourrons dire par la foi, comme Jésus : « L'ennemi vient, mais il n'a rien en moi. »

Dieu peut guérir le présent, Dieu veut aussi guérir le passé, tout ce qui a été emmagasiné dans notre vie, toutes les blessures de notre coeur (niveau affectif, intellectuel ou autre), tout ce qui nous empêche de courir librement devant le Seigneur. Dieu veut et peut les guérir en coopérant avec nous à notre guérison pour nous laisser aller libre de notre passé pour bien vivre notre présent et être fixé vers l'avenir. Pour cela il nous faut être libéré de ce poids du passé. Le

Seigneur veut pardonner le passé, si nous lui confessons, mais il veut aussi nous guérir maintenant.

Jacques POUJOL, *L'équilibre psychologique du chrétien*, 2002, réédité en 2008 ; Éd. Empreinte du temps présent.
www.librairie-7ici.com

Prépare-toi à entrer pleinement dans ce combat
Au nom du Père, du Fils et du Saint-Esprit. Amen !
Examen de conscience : *Un petit silence pour te souvenir de tout ce qui, dans ta vie, peut déplaire à Dieu.*

Je confesse à Dieu tout puissant. Je reconnais devant mes frères que j'ai péché, en pensée, en parole, par action et par omission. Oui, j'ai vraiment péché. C'est pourquoi je supplie la Vierge Marie, les anges et tous les saints et vous aussi mes frères de prier pour moi le Seigneur notre Dieu.

Seigneur Jésus, confiant en la protection que m'assure ton précieux sang versé sur la Croix pour racheter ma vie, je renonce à Satan et à ses œuvres. Je dénonce et je brise toute blessure intérieure qui opère dans ma vie et qui attire le venin des modèles sataniques d'échec, de maladies, de blocages dans ma vie, par le sang victorieux de Jésus.

Dieu te parle aujourd'hui car Il n'est ni sourd, ni aveugle

« Mais toi, Yahvé, agis pour moi selon ton nom, délivre-moi, car ton amour est bonté. Pauvre et malheureux que je suis, mon cœur est blessé au fond de moi ; comme l'ombre qui décline je m'en vais, on m'a secoué comme la sauterelle. À tant jeûner mes genoux fléchissent, ma chair est amaigrie faute d'huile ; on a fait de moi une insulte, ceux qui me voient hochent la tête. Aide-moi, Yahvé mon Dieu, sauve-moi selon ton amour : qu'ils le sachent, c'est là ta main, toi, Yahvé, voilà ton œuvre ! Eux maudissent, et toi tu béniras, ils attaquent, honte sur eux, et joie pour ton serviteur ! »

Ps 109, 21-28

« Lui qui guérit les cœurs brisés et qui bande leurs blessures ; qui compte le nombre des étoiles, et il appelle chacune par son nom. Il est grand, notre Seigneur, tout-puissant, à son intelligence point de mesure. Yahvé soutient les humbles, jusqu'à terre il abaisse les impies. »

Ps 147, 3-6

<u>Méditation</u> : **Que signifient pour toi ces paroles que Dieu t'adresse aujourd'hui ?** *(Prends le temps qui te convient pour bien méditer ces extraits bibliques.)*

Invite à présent l'archange saint Michel dans ton combat de ce jour

Saint Michel archange, grâce à l'assistance spirituelle et le jugement que tu assures aux âmes à l'heure de la mort, Dieu t'a donné le pouvoir de guider les vivants sur le chemin de la félicité éternelle.

Je sais que par amitié pour toi, le Seigneur transformera mes pleurs en joies et mes ténèbres en lumière si tu les portes avec moi. C'est pourquoi, je viens humblement quémander ton secours et ton intercession aujourd'hui, afin que le Sang du Christ guérisse toutes mes blessures intérieures, depuis ma conception et constituent des causes de blocages dans ma vie, notamment .... *(Énonce la situation pour laquelle tu fais cette prière.)*

Saint Michel archange, défends-moi dans mes combats de chaque jour. (Dire 3 fois.)
Amen.

***

Dire les prières quotidiennes (pages 26-27)

9ème journée
Par l'archange saint Michel, chef de l'armée céleste, brise tous les liens maléfiques volontaires ou involontaires, perturbant l'équilibre de ta vie

La rupture des liens maléfiques :
une nécessité de combat spirituel

Les liens sont des blocages plus forts que la personne, une sorte de fardeau ou d'entrave, une opposition circonstancielle qui vise à décourager le chrétien, à le refroidir, à le faire dévier moralement et doctrinalement. Le lien est finalement un obstacle à l'avancée spirituelle et au règne de Dieu dans la vie de quelqu'un.

Les liens peuvent s'établir entre le démon et l'individu à travers les portes que celui-ci ouvre. Des liens peuvent résulter de la séduction de toutes les pratiques orientales telles que le Yoga ou la méditation transcendantale. Le New Age et les fausses doctrines telles que la Rose-Croix, la Franc-Maçonnerie, l'Eckankar et le Mahi-kari sont de puissantes sources de liens démoniaques. Les fausses doctrines sont toutes celles qui nient la divinité de Jésus, son incarnation ; c'est l'antéchrist.

Depuis toujours et partout dans le monde se pratique le spiritisme, une grande voie pour le lien démoniaque. En effet, le spiritisme est la volonté d'entrer en contact avec les êtres du passé, les membres de sa famille qui sont déjà morts par l'intermédiaire de quelqu'un qu'on appelle médium. On appelle ses morts pour leur demander des choses et obtenir leurs réponses. Il faut comprendre que les morts ne peuvent pas nous répondre, mais le démon qui connaît et les vivants et les morts est celui qui répond en prenant la voix du défunt. Consulter un esprit, c'est se lier à cet esprit.

On établit des liens avec l'esprit mauvais à travers la divination. Par ce moyen on communique avec l'esprit mauvais pour recevoir de lui des messages. Les sorciers utilisent largement ce moyen. L'astrologie, la géomancie, la cartomancie, la chiromancie, la consultation par noix de kola, par cauris, etc. sont des formes de divination. Beaucoup de familles, à travers la divination, organisent des cérémonies pour reconnaître l'ancêtre défunt ou la divinité qui est patron d'un bébé auquel on consacre cet enfant. Les enfants sont donc liés à ces esprits de mort ou à ces divinités et leur vie est marquée par toutes sortes de difficultés, de problèmes. L'enfant lié à un esprit de mort sera marqué par le caractère et par tout ce qui a spécifiquement distingué ce parent défunt pendant qu'il était vivant. Quand c'est une divinité qui est déclarée patronne de l'enfant, il faut que l'enfant devienne féticheur si on veut lui éviter des problèmes. Le fétichisme n'a cependant jamais fait de la vie des féticheurs une vie de paix.

Le recours aux sorciers, aux féticheurs, aux marabouts pour se sortir d'une situation difficile est à mettre dans la recherche de protection occulte. Ces personnes vendent aux candidats à ce genre de protection des poudres noires à consommer ou à introduire dans le sang à travers des scarifications sur la peau, des talismans, des bagues torsadées ou non, des ceintures, des chaînes, des parfums, des morceaux de tissus préparés et consacrés à un démon et qui auraient la puissance de protéger contre tout accident ou contre la sorcellerie, de rendre invisible à un ennemi ou à tout animal dangereux qui voudrait vous attaquer, etc. Ce désir de protection, signe d'un manque de foi en l'amour de Dieu et en sa protection toujours puissante, a conduit bon nombre de personnes à des situations déplorables qui pourraient marquer certains pour toute leur vie. Mais le Nom de Jésus, son Précieux Sang dont nous proclamons la victoire, l'Eucharistie peuvent délivrer si on revient à Dieu et qu'on vit dans la confiance totale en son amour.

Délivrance et rupture des liens, 4ème séminaire de la vie dans l'Esprit, Renouveau Charismatique Catholique du Bénin, pages 8-13.

Prépare-toi à entrer pleinement dans ce combat
Au nom du Père, du Fils et du Saint-Esprit. Amen !
<u>Examen de conscience</u> : *Un petit silence pour te souvenir de tout ce qui, dans ta vie, peut déplaire à Dieu.*
Je confesse à Dieu tout puissant. Je reconnais devant mes frères que j'ai péché, en pensée, en parole, par action et par omission. Oui, j'ai vraiment péché. C'est pourquoi je supplie la Vierge Marie, les anges et tous les saints et vous aussi mes frères de prier pour moi le Seigneur notre Dieu.
Seigneur Jésus, confiant en la protection que m'assure ton précieux sang versé sur la Croix pour racheter ma vie, je renonce à Satan et à ses œuvres. Je dénonce et je brise tout accord négatif avec le diable établi dans ma lignée familiale ou

par moi-même de manière intentionnelle ou non-intentionnelle et qui affecte ma destinée, dans le puissant Nom de Jésus.

Dieu te parle aujourd'hui car Il n'est ni sourd, ni aveugle
« Vous avez été vendus aux nations, mais non pour l'anéantissement. Ayant excité la colère de Dieu, vous avez été livrés à vos ennemis. Car vous aviez irrité votre Créateur en sacrifiant à des démons et non à Dieu. »

Baruch 4, 6-7

« Beaucoup de ceux qui étaient devenus croyants venaient faire leurs aveux et dévoiler leurs pratiques. Bon nombre de ceux qui s'étaient adonnés à la magie apportaient leurs livres et les brûlaient en présence de tous. On en estima la valeur : cela faisait cinquante mille pièces d'argent. »

Actes des Apôtres 19, 18-19

« Elle coûte aux yeux de Yahvé, la mort de ses amis. De grâce, Yahvé, je suis ton serviteur, je suis ton serviteur fils de ta servante, tu as défait mes liens. »

Psaume 116, 15-16

<u>Méditation</u> : **Que signifient pour toi ces paroles que Dieu t'adresse aujourd'hui ?** *(Prends le temps qui te convient pour bien méditer ces extraits bibliques.)*

Invite à présent l'archange saint Michel dans ton combat de ce jour
Saint Michel archange, en ta qualité de chef de l'armée céleste, Dieu t'a donné le pouvoir de rompre tous les liens

négatifs par lesquels Satan maintient les âmes sous sa domination.

Je sais que par amitié pour toi, le Seigneur transformera mes pleurs en joies et mes ténèbres en lumière si tu les portes avec moi. C'est pourquoi, je viens humblement quémander ton secours et ton intercession aujourd'hui, afin que le Sang du Christ brise tous les liens maléfiques volontaires ou involontaires qui perturbent ma vie, notamment ………
(Énonce la situation pour laquelle tu fais cette prière.)
Saint Michel archange, défends-moi dans mes combats de chaque jour. (Dire 3 fois.)
Amen.

***

Dire les prières quotidiennes (pages 26-27)

10ème journée
Obtiens par le combat de l'archange saint Michel, la destruction de tout le dispositif de Satan déployé dans l'invisible autour de toi

Comment Satan fait obstacle à nos combats spirituels

Il a été dit que lorsque les agents sataniques sont en place dans le royaume céleste et que les chrétiens commencent à prier sur la terre, les prières des chrétiens leur apparaissent sous trois formes. Toutes les prières apparaissent comme de la fumée qui monte vers les cieux :

- Mais certaines prières apparaissent comme de la fumée, vont à la dérive et disparaissent dans l'air. Ces prières proviennent de personnes qui ont péché dans leur vie et qui ne sont pas disposées à traiter avec ces péchés. Leurs prières sont si faibles qu'elles sont emportées et disparaissent dans l'air.

- L'autre type de prière est également comme de la fumée qui monte jusqu'à ce qu'elle atteigne cette roche, mais elle ne la traverse pas. Ce sont généralement des gens qui essaient de se purifier, mais ils n'ont pas la foi dans leur prière. Ils ignorent généralement les différents aspects importants qui sont nécessaires quand on prie.

- Le troisième type de prière est comme de la fumée qui est pleine de feu. Quand elle s'élève, elle est tellement chaude que, lorsqu'elle atteint la roche, la roche commence à fondre comme de la cire. Elle perce la roche et passe à travers.

Souvent, quand les gens commencent à prier, leur prière ressemble à celle de la première catégorie, mais quand ils continuent à prier, leur prière change et devient comme celle de la deuxième catégorie. Et quand ils continuent à prier, tout à coup elle s'embrase. Et leur prière devient alors puissante et elle perce et passe à travers la roche. Souvent, les agents maléfiques remarquent que les prières sont en train de muter et sont prêtes d'arriver à l'état d'embrasement, alors ils communiquent avec d'autres esprits sur la terre et leur disent : « Distrayez cette personne de sa prière. Faites-les arrêter de prier. Faites-les sortir de là. »

Très souvent, les chrétiens cèdent à ces distractions. Alors qu'ils sont en train de percer, de se repentir, de permettre à la Parole de sonder leur esprit et à leur foi d'être consolidée, alors que leur prière est de plus en plus focalisée, le diable voit que leur prière gagne en force et les distractions commencent. Les téléphones sonnent. Parfois, nous-mêmes, au milieu d'une prière très, très intense, le téléphone sonne et nous pensons que nous pouvons répondre au téléphone, puis revenir et continuer à prier. Mais lorsqu'on revient, on revient au tout début. Et c'est ce que le diable veut.

D'autres types de distractions peuvent venir à votre rencontre, même si cela signifie de toucher votre corps et de mettre une douleur quelque part. Même si cela signifie d'avoir faim et vous voulez aller à la cuisine pour manger quelque chose. Dès qu'ils arrivent à vous sortir de votre position, ils vous ont vaincu.

John Mulinde, Comment Satan fait obstacle à nos prières
« Combat dans le royaume céleste »
traduit par Michel Clavière, nov. 2000
www.DivineRevelations.info

Prépare-toi à entrer pleinement dans ce combat

Au nom du Père, du Fils et du Saint-Esprit. Amen !

<u>**Examen de conscience**</u> : *Un petit silence pour te souvenir de tout ce qui, dans ta vie, peut déplaire à Dieu.*

Je confesse à Dieu tout puissant. Je reconnais devant mes frères que j'ai péché, en pensée, en parole, par action et par omission. Oui, j'ai vraiment péché. C'est pourquoi je supplie la Vierge Marie, les anges et tous les saints et vous aussi mes frères de prier pour moi le Seigneur notre Dieu.

Seigneur Jésus, confiant en la protection que m'assure ton précieux sang versé sur la Croix pour racheter ma vie, je renonce à Satan et à ses œuvres. Je dénonce et je révoque toute alliance maléfique de montée et de descente, d'élévation et de chute, d'amassement et de dispersion, de cercle vicieux et de labeur sans fruits, au Nom de Jésus.

Dieu te parle aujourd'hui car Il n'est ni sourd, ni aveugle

« C'est lui qui t'arrache au filet de l'oiseleur qui s'affaire à détruire ; il te couvre de ses ailes, tu as sous son pennage un abri. Armure et bouclier, sa vérité. Tu ne craindras ni les terreurs de la nuit, ni la flèche qui vole de jour, ni la peste qui marche en la ténèbre, ni le fléau qui dévaste à midi. Qu'il en tombe mille à tes côtés et 10 000 à ta droite, toi, tu restes hors d'atteinte. Il suffit que tes yeux regardent, tu verras le salaire des impies, toi qui dis : Yahvé mon abri ! et qui fais d'Elyôn ton refuge. Le malheur ne peut fondre sur toi, ni la plaie approcher de ta tente : il a pour toi donné ordre à ses anges de te garder en toutes tes voies. Sur leurs mains ils te porteront pour qu'à la pierre ton pied ne heurte. »

Psaume 91, 3-12

<u>Méditation</u> : **Que signifient pour toi ces paroles que Dieu t'adresse aujourd'hui ?** *(Prends le temps qui te convient pour bien méditer cet extrait biblique.)*

Invite à présent l'archange saint Michel dans ton combat de ce jour

Saint Michel archange, par ta force de combat, Dieu t'a comblé du pouvoir de contrecarrer toutes les velléités de Satan contre les enfants de Dieu.

Je sais que par amitié pour toi, le Seigneur transformera mes pleurs en joies et mes ténèbres en lumière si tu les portes avec moi. C'est pourquoi, je viens humblement quémander ton secours et ton intercession aujourd'hui, afin que le Sang du Christ brise tout le dispositif de Satan installé au tour de moi et qui lui permet de me manipuler et de m'imposer l'échec sur beaucoup de plans, notamment .... *(Énonce la situation pour laquelle tu fais cette prière.)*

Saint Michel archange, défends-moi dans mes combats de chaque jour. (Dire 3 fois.)

Amen.

***

Dire les prières quotidiennes (pages 26-27)

11ème journée
Par la force guerrière de l'archange saint Michel, obtiens la libération de ton âme que Satan manipule pour influencer ta vie

Saint Michel archange, protecteur des âmes

S'inspirant de saint Augustin, l'abbé Soyer fait judicieusement remarquer qu'une âme perdue ou damnée est comme une défaite pour saint Michel, et une victoire définitive pour l'esprit mauvais. Aussi un grand évêque dit-il, en parlant de notre mort, qu'elle est une lutte entre saint Michel et le démon, que l'archange redouble d'efforts pour repousser les attaques de l'ennemi de notre salut, parce qu'il aime nos âmes et qu'il sait que les élus contribuent dans le ciel à la gloire de Dieu.

Au XIIIe siècle, saint Pantaléon affirmait que la fonction attribuée à saint Michel de protéger les mourants était un privilège séculaire et reconnu de tous. C'est l'opinion qu'avait émise précédemment saint Jérôme quand il disait que saint Michel assistait les âmes, depuis leur apparition sur la terre, et surtout à cette heure redoutable du passage de la vie à l'éternité.

Ayons souvent sur nos lèvres cette belle prière que saint Anselme faisait chaque jour avant de célébrer l'auguste sacrifice de la messe : « Saint Michel, archange de Dieu, gardien du ciel, venez à mon secours au moment de ma mort ; soyez ma défense contre l'esprit malin, et conduisez mon âme dans la gloire du Paradis. »

Saint Anselme rapporte, relativement à la mort d'un religieux du monastère du Bec dont il a été abbé, que Satan essayait de troubler ce pauvre moribond par le souvenir de ses péchés et des négligences qu'il avait apportées dans ses devoirs religieux. Mais saint Michel apparut par trois fois à ce saint moine, parvint à le rassurer, et confondit le démon par ces paroles consolantes pour les âmes dévouées à saint Michel : « Apprends que tu n'auras jamais aucun pouvoir sur ceux qui ont recours à moi et qui sont sous ma protection. »

À peine notre saint archange eut-il prononcé ces paroles que le démon s'enfuit en poussant des cris stridents, et le pauvre malade mourut en paix.

L'Ange Gardien, n° 7, Novembre 1896, p. 222-223.

www.saintespritdeverite.e-monsite.com

Prépare-toi à entrer pleinement dans ce combat
Au nom du Père, du Fils et du Saint-Esprit. Amen !
Examen de conscience : *Un petit silence pour te souvenir de tout ce qui, dans ta vie, peut déplaire à Dieu.*
Je confesse à Dieu tout puissant. Je reconnais devant mes frères que j'ai péché, en pensée, en parole, par action et par omission. Oui, j'ai vraiment péché. C'est pourquoi je supplie la Vierge Marie, les anges et tous les saints et vous aussi mes frères de prier pour moi le Seigneur notre Dieu.

Seigneur Jésus, confiant en la protection que m'assure ton précieux sang versé sur la Croix pour racheter ma vie, je renonce à Satan et à ses œuvres. Je dénonce et je lie tout agent des ténèbres qui exécute des opérations maléfiques contre mon âme pour influencer ma vie, au Nom de Jésus.

Dieu te parle aujourd'hui car Il n'est ni sourd, ni aveugle
« Tu diras : Ainsi parle le Seigneur Yahvé. Malheur à celles qui cousent des rubans sur tous les poignets, qui fabriquent des voiles pour la tête de gens de toutes tailles, afin de prendre au piège les âmes ! Vous prenez au piège les âmes des gens de mon peuple et vous épargneriez vos propres âmes ? Vous me déshonorez devant mon peuple pour quelques poignées d'orge et quelques morceaux de pain, en faisant mourir des gens qui ne doivent pas mourir, en épargnant ceux qui ne doivent pas vivre, et en mentant à mon peuple qui écoute le mensonge. Eh bien ! Ainsi parle le Seigneur Yahvé : Voici que je vais m'en prendre à vos rubans, avec lesquels vous prenez au piège les âmes comme des oiseaux. Je les déchirerai sur vos bras et je libérerai les âmes que vous essayez de prendre au piège comme des oiseaux. Je déchirerai vos voiles et je délivrerai mon peuple de votre main, pour

qu'il ne soit plus un gibier dans votre main. Et vous saurez que je suis Yahvé. Pour avoir intimidé le cœur du juste par des mensonges, alors que je ne l'avais pas affligé, et avoir fortifié les mains du méchant pour qu'il ne renonce pas à sa mauvaise conduite afin de retrouver la vie, eh bien ! Vous n'aurez plus de vaines visions et ne prononcerez plus de prédictions. Je délivrerai mon peuple de votre main, et vous saurez que je suis Yahvé. »

Ézéchiel 13, 18-23

<u>Méditation</u> : **Que signifie pour toi cette parole que Dieu t'adresse aujourd'hui ?** *(Prends le temps qui te convient pour bien méditer cet extrait biblique.)*

Invite à présent l'archange saint Michel dans ton combat de ce jour

Saint Michel archange, par ta force guerrière, Dieu t'a donné le pouvoir de délivrer les âmes maintenues en souffrance par Satan.

Je sais que par amitié pour toi, le Seigneur transformera mes pleurs en joies et mes ténèbres en lumière si tu les portes avec moi. C'est pourquoi, je viens humblement quémander ton secours et ton intercession aujourd'hui, afin que le Sang du Christ brise la chaîne et libère mon âme maintenue par Satan pour influer ma vie et me créer les blocages de tout genre, notamment .... *(Énonce la situation pour laquelle tu fais cette prière.)*

Saint Michel archange, défends-moi dans mes combats de chaque jour. (Dire 3 fois.)

Amen.

***

Dire les prières quotidiennes (pages 26-27)

12ème journée
Obtiens l'intervention vigoureuse de l'archange saint Michel dans la destruction de toute attaque de Satan contre ton entourage, visant à briser ton élan de réussite

Ne permettez pas à Satan de malmener votre famille

« Les génies me disaient qu'il n'existe pas de véritable sorcier qui soit pauvre. Mais pour avoir accès à la richesse il fallait effectuer le sacrifice suprême. Ce sacrifice consiste à tuer un être humain. Il fallait un être humain pour que tout se passe bien. Au vu de tout ce que les nains me demandaient, je conclus en moi qu'il serait difficile pour moi de répondre à leur attente. Mon problème scolaire m'intriguait alors je décidai de rebrousser chemin. J'avais constaté que tous les membres de ma famille étaient baptisés et partaient souvent à l'église. J'ai donc tenté de les suivre, dans le but de laisser mes compagnons. Je fus copieusement bastonné par les nains un soir. Ils sentaient que je n'avais pas l'engouement, alors ils me mirent dans des situations assez difficiles, de sorte que je puisse accepter leurs offres.

Mon père et ses frères travaillaient tous ensemble dans une entreprise qu'ils avaient créée eux-mêmes. Ayant remarqué que cette entreprise pouvait nous aider un jour à nous retrouver, ils orchestrèrent une attaque contre mes parents.

Mes parents paternels étaient déjà liés à un clan de notre région. Ce lien détruisait la famille par l'appauvrissement, la sécheresse économique, la désunion et l'incompréhension. Inconsciemment sûrement, certains ont participé à des rituels qui faisaient d'eux des personnes liées. Et puisqu'ils étaient liés, il était facile d'agir sur leurs biens, mais pas sur leur vie. Car pour agir sur leur vie il fallait préalablement mon accord. Ainsi, mes parents paternels voyaient leur entreprise dégringoler, sans réellement savoir ce qui se passait. Rien ne marchait pour eux et c'était difficile.

Du côté de ma mère, il y eut de nombreuses malédictions prononcées par les uns et les autres. Mais le plus important, c'est que tous les enfants étaient liés par une force maléfique qui entraînait la malchance, la mésentente, et l'échec. Un sort leur avait été lancé, de sorte qu'ils étaient aussi manipulables. Je savais que les personnes, qui se trouvaient dans mon clan, attaquaient périodiquement mes parents, tant paternels que maternels, mais j'étais tenu par le secret. Rien ne se faisait à mon insu ; j'étais chaque fois informé des activités ou attaques orchestrées contre mes parents. »

Paul Gomez EHOUNOU, *De la sorcellerie à la lumière de Jésus-Christ,* Ed. St Paul de la Croix, 2007, p. 111-113.

Prépare-toi à entrer pleinement dans ce combat
Au nom du Père, du Fils et du Saint-Esprit. Amen !
<u>Examen de conscience</u> : Un petit silence pour te souvenir de tout ce qui, dans ta vie, peut déplaire à Dieu.
Je confesse à Dieu tout puissant. Je reconnais devant mes frères que j'ai péché, en pensée, en parole, par action et par omission. Oui, j'ai vraiment péché. C'est pourquoi je supplie la Vierge Marie, les anges et tous les saints et vous aussi mes frères de prier pour moi le Seigneur notre Dieu.

Seigneur Jésus, confiant en la protection que m'assure ton précieux sang versé sur la Croix pour racheter ma vie, je renonce à Satan et à ses œuvres. Je dénonce et je brise toute alliance négative qui affecte les personnes de ma famille et qui casse mon élan vers la réussite, au Nom de Jésus.

Dieu te parle aujourd'hui car Il n'est ni sourd, ni aveugle
« Le jour où les fils et les filles de Job étaient en train de manger et de boire chez leur frère aîné, un messager vint dire à Job : "Tes bœufs labouraient et les ânesses paissaient à leurs côtés quand les Sabéens ont fondu sur eux et les ont enlevés, après avoir passé les serviteurs au fil de l'épée. Moi, le seul rescapé, je me suis sauvé pour te l'annoncer." Il parlait encore quand un autre survint et dit : "Le feu de Dieu est tombé du ciel ; il a brûlé les brebis et les pâtres jusqu'à les consumer. Moi, le seul rescapé, je me suis sauvé pour te l'annoncer." Il parlait encore quand un autre survint et dit : "Les Chaldéens, divisés en trois bandes, ont fait un raid contre les chameaux et ils les ont enlevés, après avoir passé les serviteurs au fil de l'épée. Moi, le seul rescapé, je me suis sauvé pour te l'annoncer." Il parlait encore quand un autre survint et dit : "Tes fils et tes filles étaient en train de manger et de boire du

vin dans la maison de leur frère aîné. Et voilà qu'un vent violent a soufflé du désert. Il a heurté les quatre coins de la maison et celle-ci est tombée sur les jeunes gens, qui ont péri. Moi, le seul rescapé, je me suis sauvé pour te l'annoncer." »

Job 1, 13-19

<u>Méditation</u> : **Que signifie pour toi cette parole que Dieu t'adresse aujourd'hui ?** *(Prends le temps qui te convient pour bien méditer cet extrait biblique.)*

Invite à présent l'archange saint Michel dans ton combat de ce jour

Saint Michel archange, par ta vigueur, Dieu t'a donné le pouvoir de me défendre, moi et ma famille contre les assauts de Satan.

Je sais que par amitié pour toi, le Seigneur transformera mes pleurs en joies et mes ténèbres en lumière si tu les portes avec moi. C'est pourquoi, je viens humblement quémander ton secours et ton intercession aujourd'hui, afin que par son Sang, le Christ annihile toute attaque de Satan contre mon entourage dans le but de briser mon élan de réussite, notamment .... *(Énonce la situation pour laquelle tu fais cette prière.)*

Saint Michel archange, défends-moi dans mes combats de chaque jour. (Dire 3 fois.)
Amen.

***

Dire les prières quotidiennes (pages 26-27)

13ème journée
Par le bras vigoureux de l'archange saint Michel, verrouille toute porte d'entrée de l'ennemi dans ta vie

Ne donnez pas accès au diable

Lorsque nous décidons de donner notre vie à Dieu, alors nous devons interdire l'accès du diable dans notre vie. Nous devons prendre conscience que si nous entretenons la malhonnêteté, le mensonge, la colère, l'irritation, lorsque nous négligeons la vérité, alors il s'agit de portes d'entrée, des brèches, que nous laissons dans nos vies et le diable en profite pour s'y infiltrer. Et si l'on décide de prendre position pour Dieu en fermant les portes du péché, alors le diable fuira car il ne supporte pas une vie sanctifiée. Pour en revenir aux métiers dangereux, tels que les militaires, les pompiers, les plongeurs sous-marins, ces personnes pour travailler s'habillent d'un vêtement de sécurité, soit un gilet pare-balles, soit d'un pare-feu… Les charpentiers doivent logiquement porter un casque et pourtant souvent, beaucoup d'ouvriers cherchent à contester et à discuter le port de ces vêtements de protection auprès de leur patron, pourtant il s'agit de leur sécurité. Et dans la vie du chrétien, c'est la même chose, Dieu veut t'équiper spirituellement. Éphésiens 6, 11-12 dit : « Revêtez-vous de toutes les armes de Dieu, afin de pouvoir tenir ferme contre les ruses du diable. Car nous n'avons pas à lutter contre la chair et le sang, mais contre les dominations, contre les autorités, contre les princes de ce monde de ténèbres, contre les esprits méchants dans les lieux célestes. »

Lorsque tu donnes ton cœur au Seigneur, tu es presque « nu » si l'on peut dire, tu possèdes à peine le casque du salut, Dieu ne vas pas te donner toutes les armes en même temps, car tu ne saurais pas te servir de tout immédiatement, et cela va te prendre un peu de temps pour savoir les utiliser. Et même si Dieu met une onction d'accélération sur ta vie, Dieu va permettre que tu sois plus rapide, mais Dieu ne va pas te faire brûler ou sauter des étapes. Ton armure spirituelle devra contenir, d'après Éphésiens 6, 14-18 : a) la vérité pour ceinture, b) la justice pour cuirasse, c) les chaussures du zèle, d) le bouclier de la foi, e) le casque du salut, f) l'épée de l'Esprit, g) se couvrir tout entier du sang de Jésus, corps, âme et esprit.

Mais lorsque tu te revêts des armes que Dieu te donne, le diable le sait et tôt ou tard face à tout ton équipement que Dieu te donne, Satan battra en retraite, il s'enfuira loin de toi, alléluia ! !

Ancien site www.godblessyou.e-monsite.com

Prépare-toi à entrer pleinement dans ce combat
Au nom du Père, du Fils et du Saint-Esprit. Amen !
<u>Examen de conscience</u> : Un petit silence pour te souvenir de tout ce qui, dans ta vie, peut déplaire à Dieu.
Je confesse à Dieu tout puissant. Je reconnais devant mes frères que j'ai péché, en pensée, en parole, par action et par omission. Oui, j'ai vraiment péché. C'est pourquoi je supplie la Vierge Marie, les anges et tous les saints et vous aussi mes frères de prier pour moi le Seigneur notre Dieu.

Seigneur Jésus, confiant en la protection que m'assure ton précieux sang versé sur la Croix pour racheter ma vie, je renonce à Satan et à ses œuvres. Je dénonce et je brise toute alliance maléfique opérant dans ma vie et qui amène les adversités, les misères, les pleurs et les peines dans ma vie, au Nom de Jésus.

Dieu te parle aujourd'hui car Il n'est ni sourd, ni aveugle
« Car il invoqua le Seigneur Très-Haut, qui accorda à sa droite la force pour mettre à mort un puissant guerrier et relever la vigueur de son peuple. »

Siracide 47, 5

« Je leur dis : "Les portes de Jérusalem ne seront ouvertes que lorsque le soleil commencera à chauffer ; et il sera encore haut quand on devra clore et verrouiller les battants ; on établira des piquets de garde pris parmi les habitants de Jérusalem, chacun à son poste, et chacun devant sa maison." »

Néhémie 7, 3

Méditation : Que signifient pour toi ces paroles que Dieu t'adresse aujourd'hui ? *(Prends le temps qui te convient pour bien méditer ces extraits bibliques.)*

Invite à présent l'archange saint Michel dans ton combat de ce jour

Saint Michel archange, par ta vigueur, Dieu t'a donné le pouvoir de verrouiller toutes les portes d'entrée de l'ennemi dans ma vie et dans ma famille.

Je sais que par amitié pour toi, le Seigneur transformera mes pleurs en joies et mes ténèbres en lumière si tu les portes avec moi. C'est pourquoi, je viens humblement quémander ton secours et ton intercession aujourd'hui, afin que par son Sang, le Christ verrouille toutes les portes d'entrée de l'adversité, de la misère, des pleurs et des peines dans ma vie, notamment .... *(Énonce la situation pour laquelle tu fais cette prière.)*

Saint Michel archange, défends-moi dans mes combats de chaque jour. (Dire 3 fois.)
Amen.

***

Dire les prières quotidiennes (pages 26-27)

14ème journée
Grâce à la suprématie angélique de l'archange saint Michel, vis en intimité avec ton ange gardien

*Votre ange gardien connaît
autant vos désirs que vos problèmes*

Vous avez la grâce de pouvoir invoquer les anges afin qu'ils dégagent votre esprit de pensées néfastes et de préoccupations encombrantes. Vous ne pouvez ignorer qu'ils sont à vos côtés pour vous conduire sur la bonne route et vous transmettre les ordres de Dieu, que ce soit face à face, dans les songes, ou encore par différents signes, évidemment, à la condition que vous sachiez bien ouvrir vos yeux, et en particulier, si vous récitez le chapelet des saints anges.

Vous devez également savoir que, dans leurs relations avec les hommes, les anges ont de multiples fonctions pour les servir. Ils peuvent vous apparaître dans des songes où, comme à Joseph, sur ordre du Seigneur, un ange lui demande de prendre le petit Enfant Jésus et de fuir en Égypte… Une autre fois, il lui a dit de retourner, car ceux qui en voulaient à la vie du petit Enfant étaient morts. Ainsi, Joseph retourna à Nazareth. Un ange lui a également dit : "Ne crains pas de prendre avec toi Marie, ta femme, car l'enfant qu'elle a conçu vient du Saint-Esprit."

Et pourquoi ne sauriez-vous pas percevoir, vous aussi, ce que vous suggère votre ange gardien ? Il y a les anges de la glorification autour du trône divin, glorifiant et s'agenouillant. Ils vivent le rite de la glorification, et si, de plus, ils trouvent un homme qui a besoin de leur service, c'est sans délai qu'ils le servent. Il y a également des anges d'un rang moins élevé, des esprits au service de Dieu, envoyés pour exercer un ministère. Ils aiment les hommes et leur seul désir est de les sauver. Si vous voulez faire plaisir aux anges, repentez-vous, car vous avez, qui que vous soyez, quelque chose à vous reprocher, ne serait-ce qu'un tout petit péché. Ils vous diront alors : Bravo ! Il y aura de la joie dans le Ciel à cause d'un seul pécheur qui se repent.

Vos prières, les anges les prennent et, dans leur encensoir d'or, les mènent à Dieu, en offrant sur l'autel d'or, qui est devant le trône, l'encens avec vos prières. Et si votre prière est pure et acceptable devant Dieu, le Seigneur envoie tout de suite un ange pour la prendre dans son encensoir en or et la faire monter, comme l'odeur d'encens, à Dieu…

Par contre, si vous marchez sur la mauvaise voie, les anges vous demanderont de vous corriger. Si vous ne le faites pas, ils vous laisseront en observation, attendant que vous redeveniez raisonnables. Que pourraient-ils faire d'autre ? Si vous priez votre ange gardien avec ferveur, il prendra l'habitude de vous « parler », n'en doutez pas, et cela d'une manière permanente et toujours par signes interposés.

Une liaison avec votre ange gardien transformera et métamorphosera toute votre vie, tant spirituelle que matérielle, car la puissance de l'ange gardien est illimitée...

Votre ange gardien désire ardemment une communion parfaite avec vous, car il connaît mieux que quiconque autant vos désirs que vos problèmes. Il s'efforcera d'y répondre dans cette relation invisible, et vous ressentirez une immense complicité et la présence bien réelle de vos aimés du Ciel.

Jean messager de la lumière, *Le temps presse, rallumez vos lampes,* tome 4, p. 62
www.vincent.delarle.perso.sfr.fr

Prépare-toi à entrer pleinement dans ce combat
Au nom du Père, du Fils et du Saint-Esprit. Amen !

<u>Examen de conscience</u> : *Un petit silence pour te souvenir de tout ce qui, dans ta vie, peut déplaire à Dieu.*

Je confesse à Dieu tout puissant. Je reconnais devant mes frères que j'ai péché, en pensée, en parole, par action et par omission. Oui, j'ai vraiment péché. C'est pourquoi je supplie la Vierge Marie, les anges et tous les saints et vous aussi mes frères de prier pour moi le Seigneur notre Dieu.

Seigneur Jésus, confiant en la protection que m'assure ton précieux sang versé sur la Croix pour racheter ma vie, je renonce à Satan et à ses œuvres. Je dénonce et je brise toutes alliances maléfiques et occasions de péchés qui m'empêchent de vivre l'intimité avec mon ange gardien, au Nom de Jésus.

Dieu te parle aujourd'hui car Il n'est ni sourd, ni aveugle

« Mais la Sagesse a délivré ses fidèles de leurs peines. Ainsi le juste qui fuyait la colère de son frère, elle guida par de droits sentiers ; elle lui montra le royaume de Dieu et lui donna la connaissance des choses saintes, elle le fit réussir dans ses durs travaux et fit fructifier ses peines ; elle l'assista contre la cupidité de ceux qui l'opprimaient, et elle le rendit riche ; elle le garda de ses ennemis et le protégea de ceux qui lui dressaient des embûches ; elle lui donna la palme en un rude combat, pour qu'il sût que la piété est plus puissante que tout. »

Sagesse 10, 9-12

« Yahvé est ton gardien, ton ombrage, Yahvé, à ta droite. De jour, le soleil ne te frappe, ni la lune en la nuit. Yahvé te garde de tout mal, il garde ton âme. Yahvé te garde au départ, au retour, dès lors et à jamais. »

Psaume 121, 5-8

<u>Méditation</u> : **Que signifient pour toi ces paroles que Dieu t'adresse aujourd'hui ?** *(Prends le temps qui te convient pour bien méditer ces extraits bibliques.)*

Invite à présent l'archange saint Michel dans ton combat de ce jour

Saint Michel archange, par ta suprématie angélique, Dieu t'a donné le pouvoir d'attribuer à chaque homme un ange gardien.

Je sais que par amitié pour toi, le Seigneur transformera mes pleurs en joies et mes ténèbres en lumière si tu les portes avec moi. C'est pourquoi, je viens humblement quémander

ton secours et ton intercession aujourd'hui, afin que tu me réconcilies avec mon ange gardien qui m'aidera à surmonter les difficultés qui m'accablent, notamment ……………..…
(Énonce la situation pour laquelle tu fais cette prière.)
Saint Michel archange, défends-moi dans mes combats de chaque jour. (Dire 3 fois.)
Amen.

***

Dire les prières quotidiennes (pages 26-27)

15ᵉᵐᵉ journée
Par le pouvoir de justice de l'archange saint Michel, réussis sans brimer les autres

*Satan suscite dans les bonnes âmes,
des scrupules et des peines*

Les suggestions de Satan d'abord apportent de l'assurance ; mais dans la suite elles produisent la défiance du secours divin, et le désespoir. C'est pourquoi il est important d'apercevoir ses tromperies au commencement de la suggestion, et de résister de toute la force de son âme à ses premiers efforts ; de crainte que devenant plus audacieux par notre langueur et notre lâcheté, il ne nous surmonte et ne se rende le maître de notre cœur.

Comme il y a deux genres d'hommes, à savoir les "bons" et les "méchants", cet ennemi suscite dans les "bons" des scrupules et des peines, et dans les "méchants" des dispositions qui tendent aux plaisirs des sens. Il attaque les uns âprement, en excitant en eux des tumultes et des troubles ; mais il vient aux autres d'une manière agréable, douce, et n'employant rien qui ne soit propre à les gagner. Et la raison de cette différente conduite se doit prendre des différentes dispositions des âmes. Car cet esprit se présente à une âme qui lui est contraire avec une espèce de bruit et d'agitation qui se peuvent facilement connaître. Mais il approche d'une âme qu'il trouve lui être conforme d'une manière paisible et sans aucun effort comme venant dans sa propre maison, qui lui est toujours ouverte.

Giovanni Bona, *De l'esprit de Satan et des signes pour le reconnaître,* chapitre XI, www.livres-mystiques.com

Prépare-toi à entrer pleinement dans ce combat
Au nom du Père, du Fils et du Saint-Esprit. Amen !

Examen de conscience : *Un petit silence pour te souvenir de tout ce qui, dans ta vie, peut déplaire à Dieu.*

Je confesse à Dieu tout puissant. Je reconnais devant mes frères que j'ai péché, en pensée, en parole, par action et par omission. Oui, j'ai vraiment péché. C'est pourquoi je supplie la Vierge Marie, les anges et tous les saints et vous aussi mes frères de prier pour moi le Seigneur notre Dieu.

Seigneur Jésus, confiant en la protection que m'assure ton précieux sang versé sur la Croix pour racheter ma vie, je renonce à Satan et à ses œuvres. Je dénonce et je révoque toute alliance établie dans ma vie avec tout démon et tout royaume de luxure, au Nom de Jésus.

Dieu te parle aujourd'hui car Il n'est ni sourd, ni aveugle

« Tu établiras des juges et des scribes, en chacune des villes que Yahvé ton Dieu te donne, pour toutes tes tribus ; ils jugeront le peuple en des jugements justes. Tu ne feras pas dévier le droit, tu n'auras pas égard aux personnes et tu n'accepteras pas de présent, car le présent aveugle les yeux des sages et ruine les causes des justes. C'est la stricte justice que tu rechercheras, afin de vivre et de posséder le pays que Yahvé ton Dieu te donne. »

Deutéronome 16, 18-20

« Et Dieu lui dit : "Parce que tu as demandé cela, que tu n'as pas demandé pour toi de longs jours, ni la richesse, ni la vie de tes ennemis, mais que tu as demandé pour toi le discernement du jugement, voici que je fais ce que tu as dit : je te donne un cœur sage et intelligent comme personne ne l'a eu avant toi et comme personne ne l'aura après toi. Et même ce que tu n'as pas demandé, je te le donne aussi : une richesse et une gloire comme à personne parmi les rois. Et si tu suis mes voies, gardant mes lois et mes commandements comme a fait ton père David, je t'accorderai une longue vie." »

1Rois 3, 11-14

« Mieux vaut peu avec la justice que d'abondants revenus sans le bon droit. »

Proverbes 16, 8

Méditation : **Que signifient pour toi ces paroles que Dieu t'adresse aujourd'hui ?** *(Prends le temps qui te convient pour bien méditer ces extraits bibliques.)*

Invite à présent l'archange saint Michel dans ton combat de ce jour

Saint Michel archange, par ton pouvoir de justice, Dieu t'a donné autorité de juger les âmes à l'heure de la mort.

Je sais que par amitié pour toi, le Seigneur transformera mes pleurs en joies et mes ténèbres en lumière si tu les portes avec moi. C'est pourquoi, je viens humblement quémander ton secours et ton intercession aujourd'hui, afin que je puisse surmonter tous les obstacles qui entravent mon élan de réussir et qui pourraient me pousser à brimer les autres, notamment .... *(Énonce la situation pour laquelle tu fais cette prière.)*

Saint Michel archange, défends-moi dans mes combats de chaque jour. (Dire 3 fois.)
Amen.

***

Dire les prières quotidiennes (pages 26-27)

16ème journée
Obtiens par l'archange saint Michel, excellent stratège de l'armée céleste, la meilleure orientation de tes projets de vie

Le bon choix pour un réel succès : Jésus-Christ

« Celui qui fait entrer le Christ dans sa vie, ne perd rien, rien – absolument rien de ce qui rend la vie libre, belle et grande. Non ! Dans cette amitié seulement s'ouvrent largement les portes de la vie. Dans cette amitié seulement, se libèrent réellement les grandes potentialités de la condition humaine. […] Chers jeunes : n'ayez pas peur du Christ ! Il n'enlève rien, et il donne tout. Celui qui se donne à lui, reçoit le centuple. Oui, ouvrez, ouvrez tout grand les portes au Christ – et vous trouverez la vraie vie »

Pape Benoît XVI *Exhortation apostolique post-synodale Africae Munus*, n°64.

Prépare-toi à entrer pleinement dans ce combat

Au nom du Père, du Fils et du Saint-Esprit. Amen !

*<u>**Examen de conscience**</u> : Un petit silence pour te souvenir de tout ce qui, dans ta vie, peut déplaire à Dieu.*

Je confesse à Dieu tout puissant. Je reconnais devant mes frères que j'ai péché, en pensée, en parole, par action et par omission. Oui, j'ai vraiment péché. C'est pourquoi je supplie la Vierge Marie, les anges et tous les saints et vous aussi mes frères de prier pour moi le Seigneur notre Dieu.

Seigneur Jésus, confiant en la protection que m'assure ton précieux sang versé sur la Croix pour racheter ma vie, je renonce à Satan et à ses œuvres. Je dénonce et je brise tout lien d'âme maléfique inconscient et toute alliance négative existant avec mes parents décédés : grands-pères, grands-mères, père, mère, oncles, tantes, frères, sœurs, parrains, marraines, autels, féticheurs, marabouts, au Nom de Jésus.

Dieu te parle aujourd'hui car Il n'est ni sourd, ni aveugle

« Le principe de toute œuvre c'est la raison, avant toute entreprise il faut la réflexion. La racine des pensées, c'est le cœur, il donne naissance à quatre rameaux : le bien et le mal, la vie et la mort, et ce qui les domine toujours, c'est la langue. »

Siracide 37, 16-18

« Que Dieu me donne d'en parler à son gré et de concevoir des pensées dignes des dons reçus, parce qu'il est lui-même et le guide de la Sagesse et le directeur des sages ; nous sommes en effet dans sa main, et nous et nos paroles, et toute intelligence et tout savoir pratique. »

Sagesse 7, 15-16

« Dans la voie de la sagesse je t'ai enseigné, je t'ai fait cheminer sur la piste de la droiture. Dans ta marche tes pas seront sans contrainte, si tu cours, tu ne trébucheras pas. Saisis la discipline, ne la lâche pas, garde-la, c'est ta vie. »
Proverbes 4, 11-13

Méditation : **Que signifient pour toi ces paroles que Dieu t'adresse aujourd'hui ?** *(Prends le temps qui te convient pour bien méditer ces extraits bibliques.)*

Invite à présent l'archange saint Michel dans ton combat de ce jour
Saint Michel archange, par tes qualités d'excellent stratège de l'armée céleste, Dieu t'as donné le pouvoir d'orienter les hommes dans le choix de leurs projets de vie.

Je sais que par amitié pour toi, le Seigneur transformera mes pleurs en joies et mes ténèbres en lumière si tu les portes avec moi. C'est pourquoi, je viens humblement quémander ton secours et ton intercession aujourd'hui, afin que l'Esprit-Saint m'oriente dans le choix de mes projets de vie et m'éviter tous ces ombres qui obscurcissent mes horizons, notamment .... *(Énonce la situation pour laquelle tu fais cette prière.)*

Saint Michel archange, défends-moi dans mes combats de chaque jour. (Dire 3 fois.)
Amen.

***

Dire les prières quotidiennes (pages 26-27)

17ème journée
Par l'autorité céleste de l'archange saint Michel, obtiens les ressources (spirituelles, financières, humaines…) nécessaires à ta réussite

Devenir une force-dynamite par l'action de l'Esprit-Saint

L'Esprit, en grec « Pneuma », c'est ce qui donne la vie et la respiration à une personne. Il lui parle et la guide comme une personne ; oui, il est la Troisième Personne de la Sainte Trinité. Un vrai croyant sait ressentir sa présence et sait qu'Il l'accompagne toujours sur les routes tortueuses. Il l'aide toujours à réussir et à être victorieux dans la vie, triomphant de tous ses ennemis. « Vous, petits-enfants, vous êtes de Dieu, et vous les avez vaincus. Car Celui qui est en vous est plus grand que celui qui est dans le monde » (1 Jn 4, 4).

L'Esprit lui-même est « Dunamis », force est en lui – Le mot "dynamite" est un dérivé de « Dunamis » (force en grec). Il peut chasser les démons, guérir les malades, faire descendre les grâces du Seigneur : « Vous allez recevoir une force, celle de l'Esprit-Saint, qui descendra sur vous. Vous serez alors mes témoins à Jérusalem, dans toute la Judée et la Samarie, et jusqu'aux extrémités de la terre » (Ac 1, 8).

Regardons les apôtres en mission : « Avec beaucoup de puissance, les apôtres rendaient témoignage à la résurrection du Seigneur Jésus, et ils jouissaient tous d'une grande grâce » (Ac 4, 33).

Voyez ce qui est écrit au sujet d'Étienne, l'un des sept diacres choisis pour servir l'Eglise. « Étienne, rempli de grâce et de puissance, opérait de grands prodiges et signes parmi le peuple » (Ac 6, 8). Dans les *Actes des Apôtres*, Jésus est ainsi qualifié : « Celui qui est oint de l'Esprit-Saint et de Puissance » (Ac 10, 38).

Père James Manjackal, cité dans
Esprit-Saint qui es-tu ? Comment te connaître ?,
Thierry et Myriam Fourchaud, 2009, p. 75-76.

Prépare-toi à entrer pleinement dans ce combat

Au nom du Père, du Fils et du Saint-Esprit. Amen !

Examen de conscience : *Un petit silence pour te souvenir de tout ce qui, dans ta vie, peut déplaire à Dieu.*

Je confesse à Dieu tout puissant. Je reconnais devant mes frères que j'ai péché, en pensée, en parole, par action et par omission. Oui, j'ai vraiment péché. C'est pourquoi je supplie la Vierge Marie, les anges et tous les saints et vous aussi mes frères de prier pour moi le Seigneur notre Dieu.

Seigneur Jésus, confiant en la protection que m'assure ton précieux sang versé sur la Croix pour racheter ma vie, je renonce à Satan et à ses œuvres. Je dénonce et je brise toute alliance maléfique qui déprécie ma vie, ma fortune et mon potentiel, au Nom de Jésus.

Dieu te parle aujourd'hui car Il n'est ni sourd, ni aveugle

« Il y a des faibles qui réclament de l'aide, pauvres de biens et riches de dénuement ; le Seigneur les regarde avec faveur, il les relève de leur misère. Il leur fait relever la tête et beaucoup s'en étonnent. Bien et mal, vie et mort, pauvreté et richesse, tout vient du Seigneur. Le don du Seigneur reste fidèle aux hommes pieux et sa bienveillance les conduira à jamais. »

Siracide 11, 12-17

« Pendant sept jours tu feras fête à Yahvé ton Dieu au lieu choisi par Yahvé ; car Yahvé ton Dieu te bénira dans toutes tes récoltes et dans tous tes travaux, pour que tu sois pleinement joyeux. »

Deutéronome 6, 15

<u>Méditation</u> : **Que signifient pour toi ces paroles que Dieu t'adresse aujourd'hui ?** *(Prends le temps qui te convient pour bien méditer ces extraits bibliques.)*

Invite à présent l'archange saint Michel dans ton combat de ce jour

Saint Michel archange, par ton autorité céleste, Dieu t'a donné le pouvoir de baliser le chemin de succès aux hommes qu'il a créé à son image et sa ressemblance.

Je sais que par amitié pour toi, le Seigneur transformera mes pleurs en joies et mes ténèbres en lumière si tu les portes avec moi. C'est pourquoi, je viens humblement quémander ton secours et ton intercession aujourd'hui, afin que le Seigneur m'accorde les ressources indispensables à ma réussite dont le manque constitue un obstacle sur mon chemin, notamment .... *(Énonce la situation pour laquelle tu fais cette prière.)*

Saint Michel archange, défends-moi dans mes combats de chaque jour. (Dire 3 fois.)

Amen.

***

Dire les prières quotidiennes (pages 26-27)

18ème journée
Par la grandeur de foi de l'archange saint Michel, réalise ton projet sans renier ta foi en Jésus-Christ

Ne laissez pas la lumière qui est en vous devenir ténèbres

Si le démon voit que la volonté de ceux qui servent Dieu est forte et constante, il attaque leur entendement, leur suggérant des pensées sublimes, et des sentiments curieux et relevés ; afin qu'ils s'imaginent faussement être parvenus au comble de la perfection, et que se tenant élevés par la présomption et la vanité, ils négligent la pureté de leur cœur et le soin de mortifier la nature et les passions, et se proposent leur propre sagesse comme l'idole de leur cœur. Ce qui les engage quelquefois de telle sorte par leurs pensées à la considération et à l'estime de cette sagesse, qu'ils méprisent tous les conseils d'autrui, jugeant qu'ils n'en ont aucun besoin. Les personnes qui vivent dans cet égarement sont très difficiles à corriger : car si l'œil de l'âme est aveugle (Mt 6, 23), il faut que tout l'homme soit dans les ténèbres. Il est donc besoin que celui qui pense être sage, entre dans un état contraire pour devenir sage. Et parce que le démon corrompt peu à peu l'âme de l'homme en commençant par les petites choses et poursuivant par les plus grandes, il faut prendre soigneusement garde à ne pas lui laisser la moindre ouverture par laquelle il ne puisse s'insinuer dans notre âme.

Giovanni Bona, *De l'esprit de Satan et des signes pour le reconnaître,* www.livres-mystiques.com

Prépare-toi à entrer pleinement dans ce combat

Au nom du Père, du Fils et du Saint-Esprit. Amen !

<u>***Examen de conscience***</u> : *Un petit silence pour te souvenir de tout ce qui, dans ta vie, peut déplaire à Dieu.*

Je confesse à Dieu tout puissant. Je reconnais devant mes frères que j'ai péché, en pensée, en parole, par action et par omission. Oui, j'ai vraiment péché. C'est pourquoi je supplie la Vierge Marie, les anges et tous les saints et vous aussi mes frères de prier pour moi le Seigneur notre Dieu.

Seigneur Jésus, confiant en la protection que m'assure ton précieux sang versé sur la Croix pour racheter ma vie, je renonce à Satan et à ses œuvres. Je dénonce et je brise toutes alliances maléfiques qui cherchent à faire de moi un antéchrist, au Nom de Jésus.

Dieu te parle aujourd'hui car Il n'est ni sourd, ni aveugle

« Qui est le menteur, sinon celui qui nie que Jésus soit le Christ ? Le voilà l'Antichrist ! Il nie le Père et le Fils. Quiconque nie le Fils ne possède pas non plus le Père. Qui confesse le Fils possède aussi le Père. Pour vous, que ce que vous avez entendu dès le début demeure en vous. Si en vous demeure ce que vous avez entendu dès le début, vous aussi, vous demeurerez dans le Fils et dans le Père. Or telle est la promesse que lui-même vous a faite : la vie éternelle. »

1 Jean 2, 22-25

« Elle est sûre cette parole : Si nous sommes morts avec lui, avec lui nous vivrons. Si nous tenons ferme, avec lui nous régnerons. Si nous le renions, lui aussi nous reniera. Si nous sommes infidèles, lui reste fidèle, car il ne peut se renier lui-même. »

2 Timothée 2, 11-13

« Mais celui qui m'aura renié devant les hommes, à mon tour je le renierai devant mon Père qui est dans les cieux. »

Matthieu 10, 33

<u>Méditation</u> : **Que signifient pour toi ces paroles que Dieu t'adresse aujourd'hui ?** *(Prends le temps qui te convient pour bien méditer ces extraits bibliques.)*

Invite à présent l'archange saint Michel dans ton combat de ce jour

Saint Michel archange, par ta grandeur de foi, Dieu t'a donné le pouvoir de conduire les hommes sur le chemin de vérité et de vie éternelle.

Je sais que par amitié pour toi, le Seigneur transformera mes pleurs en joies et mes ténèbres en lumière si tu les portes avec moi. C'est pourquoi, je viens humblement quémander ton secours et ton intercession aujourd'hui, afin que par son sang le Christ me débarrasse de tout ce qui m'empêche d'adorer Dieu en vérité et en toute sincérité, notamment .... *(Énonce la situation pour laquelle tu fais cette prière.)*

Saint Michel archange, défends-moi dans mes combats de chaque jour. (Dire 3 fois.)
Amen.

***

Dire les prières quotidiennes (pages 26-27)

19ème journée
Par la victoire de l'archange saint Michel, proclame ta victoire sur l'échec

*Notre plus grand ennemi et accusateur
c'est souvent nous-mêmes !*

L'accusateur, c'est Satan ; l'avocat, c'est le Saint-Esprit. Sur cette terre, Satan s'exprime à travers des hommes. Le Saint-Esprit aussi. Pour accuser, Satan a besoin d'accusateurs. Pour aider, le Saint-Esprit a besoin d'intercesseurs.

Nous sommes responsables de devenir des instruments entre les mains de l'adversaire ou du Saint-Esprit. Paul dit dans Éphésiens 4, 27 : « Ne donnez pas accès au diable. ». Satan, travaille à pousser les gens et les chrétiens à s'accuser les uns les autres. Maintenant, ce qui est plus subtil, c'est que le plus grand ennemi qu'il utilise contre nous, c'est souvent nous-mêmes.

Combien de gens s'accusent continuellement sans se rendre compte qu'ils font le jeu de l'accusateur : « Je suis un incapable... », « Je n'y arriverai jamais... », « Ma mère avait raison... », « Qui voudra se marier avec moi ? », « Je ne vaux rien... », « Je ne suis rien... », « Je ne peux pas... », etc. Certains pensent que c'est mal d'accuser les autres, mais que c'est OK de s'accuser soi-même ; et qu'à la rigueur, c'est de l'humilité. C'est autant un péché de s'accuser soi-même que d'accuser les autres. Le commandement de Dieu nous dit d'aimer son prochain COMME soi-même. Je n'ai pas plus de raison de ne pas m'aimer que de ne pas aimer mon prochain (puisqu'il est dit : « COMME »).

L'accusation de soi-même est indissociable du manque d'amour de soi. Il y a donc une repentance que plusieurs personnes ont besoin d'avoir, une repentance qui est source de guérison et de délivrance : vis-à-vis du fait de s'accuser soi-même régulièrement. Brisez le pouvoir d'accusation sur votre vie et à partir de votre vie dans la vie des autres ! Pour cela réalisez que ce pouvoir est occulte et que vous ne voulez rien avoir affaire avec lui. Tenez-vous à distance des accusateurs. Ne vous liez pas avec eux et avec le diable contre l'Église !

Marchez d'un même pas avec ceux qui sont avec Dieu pour l'Église ! Ne soyez pas l'instrument de destruction de votre propre vie en vous accusant continuellement. Tout en restant lucides, soyez votre propre ami ! Ayez toujours une bonne parole sur vous-même !

Claude & Julia PAYAN, extrait d'un enseignement
juillet 2012
www.enseignemoi.com

Prépare-toi à entrer pleinement dans ce combat
Au nom du Père, du Fils et du Saint-Esprit. Amen !
__Examen de conscience__ : Un petit silence pour te souvenir de tout ce qui, dans ta vie, peut déplaire à Dieu.
    Je confesse à Dieu tout puissant. Je reconnais devant mes frères que j'ai péché, en pensée, en parole, par action et par omission. Oui, j'ai vraiment péché. C'est pourquoi je supplie la Vierge Marie, les anges et tous les saints et vous aussi mes frères de prier pour moi le Seigneur notre Dieu.
    Seigneur Jésus, confiant en la protection que m'assure ton précieux sang versé sur la Croix pour racheter ma vie, je renonce à Satan et à ses œuvres. Je dénonce et je brise toutes alliances maléfiques de haine et d'échec dans ma vie et dans ma famille, au Nom de Jésus.

Dieu te parle aujourd'hui car Il n'est ni sourd, ni aveugle
    « Car la victoire à la guerre ne tient pas à l'importance de la troupe : c'est du Ciel que vient la force. Ceux-ci viennent contre nous, débordant d'insolence et d'iniquité, pour nous exterminer, nous, nos femmes et nos enfants, et nous dépouiller. Mais nous, nous combattons pour nos vies et pour nos lois, et lui les brisera devant nous, ne craignez rien de leur part. »
1 Maccabées 3, 19-22

    « Puis il dit : "Ouvre la fenêtre vers l'orient", et il l'ouvrit. Alors Élisée dit : "Tire !" et il tira. Élisée dit : "Flèche de victoire pour Yahvé ! Flèche de victoire contre Aram ! Tu battras Aram à Apheq, complètement." »
2 Rois 13, 17

Méditation : Que signifient pour toi ces paroles que Dieu t'adresse aujourd'hui ? *(Prends le temps qui te convient pour bien méditer ces extraits bibliques.)*

Invite à présent l'archange saint Michel dans ton combat de ce jour

Saint Michel archange, par ta victoire sur Satan, Dieu donne la victoire à tous ses enfants qui Lui font confiance.

Je sais que par amitié pour toi, le Seigneur transformera mes pleurs en joies et mes ténèbres en lumière si tu les portes avec moi. C'est pourquoi, je viens humblement quémander ton secours et ton intercession aujourd'hui, afin que par son sang, le Christ me débarrasse de tout ce qui me tient et m'empêche de vaincre l'échec et de m'épanouir en Lui, notamment .... *(Énonce la situation pour laquelle tu fais cette prière.)*

Saint Michel archange, défends-moi dans mes combats de chaque jour. (Dire 3 fois.)
Amen.

***

Dire les prières quotidiennes (pages 26-27)

20ème journée
Avec l'archange saint Michel, proclame Marie médiatrice de ta réussite

*Saint Michel et la Vierge Marie :
deux combattants qui attirent !*

Pour mieux comprendre la relation profonde entre la Vierge Marie et saint Michel, il est bien que tu considères ce qui sous-tend l'ardeur et la fécondité de la mission spécifique du Prince de la Milice céleste : il s'agit de la Gloire de Dieu. De saint Michel archange, la tradition catholique retient qu'il est le héraut de la dignité divine ; il en est même le défenseur plus calé et, qui plus est, l'éminent glorificateur. On n'exagérait pas en disant que le Prince de la Milice céleste vit et s'enrichit de la Gloire de Dieu : adorer Dieu, lutter pour porter les âmes à Dieu, défendre les âmes en danger, coordonner l'action des différents chœurs angéliques pour en faire une Grande Symphonie Céleste très exaltante de la Gloire de Dieu. Peut-être cela pourrait étonner tout dévot averti, si je me permets de mettre dans la bouche de la Vierge Marie une affirmation du genre : « Mon fils Michel, l'archange le plus puissant dans le ciel et sur la terre… »

Tu pourrais, à raison, me demander si je mets sur le même pied d'égalité les anges et les créatures humaines. Je te répondrais tout simplement en te disant : non ! En fait, juste pour essayer de mettre de l'eau à ton moulin, quand je pense que la Vierge Marie est une créature humaine, je me demande comment elle est devenue la Reine des anges et de tous les êtres humains. On sait que les anges sont plus parfaits que les hommes. Qu'est-ce qu'elle a de particulier qui la met au-dessus de tous les êtres créés ? C'est en répondant à cette question que nous réussirons à établir la singularité du rapport entre la Vierge Marie et saint Michel. Je qualifie de singulier ce type de rapport, car il sort de l'ordinaire. Entre le genre humain et le genre angélique il y a une différence qualitative au niveau de la perfection de l'être. Toutefois, on est surpris de voir que l'économie du salut suggère un autre ordre de perfection et d'exaltation.

En réalité, après avoir assuré la protection du Fils né de la Femme, que fait saint Michel ? Écoutons le texte de l'Apocalypse : « Alors, il y eut une bataille dans le ciel : Michel et ses Anges combattirent le Dragon. Et le Dragon riposta, avec ses Anges, mais ils eurent le dessous et furent chassés du ciel. » (Ap 12, 7-8). Pourquoi combat-il ? Pour assurer l'installation du Règne de Dieu, faut-il le dire ! Il combat pour le triomphe de la Grande Gloire de Dieu. Du coup, il est bien facile de déduire que le combat de saint Michel est intimement lié aux Mérites de Jésus et Marie. C'est bien à ce point que la liaison intrinsèque, en quelque sorte ontologique, entre Jésus, Marie et saint Michel influence profondément leur agir et leur fonction. La Mère du Rédempteur a une part belle dans la lutte contre le mal engagée par le Christ et par l'Église.

Père Magloire NKOUNGA, *La Vierge Marie nous présente saint Michel Archange,* mai 2012
Site http://perebonaventurenkoungatagne.unblog.fr

Prépare-toi à entrer pleinement dans ce combat
Au nom du Père, du Fils et du Saint-Esprit. Amen !
Examen de conscience : *Un petit silence pour te souvenir de tout ce qui, dans ta vie, peut déplaire à Dieu.*
Je confesse à Dieu tout puissant. Je reconnais devant mes frères que j'ai péché, en pensée, en parole, par action et par omission. Oui, j'ai vraiment péché. C'est pourquoi je supplie la Vierge Marie, les anges et tous les saints et vous aussi mes frères de prier pour moi le Seigneur notre Dieu.
Seigneur Jésus, confiant en la protection que m'assure ton précieux sang versé sur la Croix pour racheter ma vie, je renonce à Satan et à ses œuvres. Je dénonce et je brise toutes alliances maléfiques qui dispersent, engloutissent et dilapident mes richesses, qui gaspillent mon potentiel et qui étouffent mes aptitudes, au Nom de Jésus.

Dieu te parle aujourd'hui car Il n'est ni sourd, ni aveugle
« Quand cela commencera d'arriver, redressez-vous et relevez la tête, parce que votre délivrance est proche. »
Luc 21, 28

« Le succès d'un homme est dans la main du Seigneur ; c'est lui qui donne au scribe sa gloire. »
Siracide 10,5

Méditation : **Que signifient pour toi ces paroles que Dieu t'adresse aujourd'hui ?** *(Prends le temps qui te convient pour bien méditer ces extraits bibliques.)*

Invite à présent l'archange saint Michel dans ton combat de ce jour

Saint Michel archange, de la relation intrinsèque entre ta mission et celle de la Vierge Marie, tu as la faveur de demander l'intercession de Marie dans toute situation que vivent les humains.

Je sais que par amitié pour toi, le Seigneur transformera mes pleurs en joies et mes ténèbres en lumière si tu les portes avec moi. C'est pourquoi, je viens humblement quémander ton secours et ta sollicitude aujourd'hui, afin que par son intercession la Vierge Marie dénoue tous les nœuds qui empêchent ma réussite et mon épanouissement, notamment................ *(Énonce la situation pour laquelle tu fais cette prière.)*

Saint Michel archange, défends-moi dans mes combats de chaque jour. (Dire 3 fois.)
Amen.

***

Dire les prières quotidiennes (pages 26-27)

21ème journée
Avec l'archange saint Michel, proclame ta victoire au nom de Jésus

Le sang de Jésus a la puissance de vaincre Satan

« Grâces soient rendues à Dieu, qui nous fait toujours triompher en Christ » (2 Corinthiens 2, 14). Ici, en Christ signifie sur la base du sang de Jésus versé pour nous afin que sa vie ne cesse jamais de couler en nous. « Ils l'ont vaincu (l'accusateur c'est-à-dire Satan) à cause du sang de l'agneau et à cause de la parole de leur témoignage » (Apocalypse 12, 11). Derek Prince dit : « J'interprète ce texte d'une façon simple et pratique : nous vainquons l'ennemi quand nous témoignons personnellement de ce que dit la parole de Dieu sur ce que le sang de Jésus fait pour nous. Quand nous utilisons ces trois armes ensemble – le sang de Jésus, la parole de Dieu et notre témoignage personnel – elles deviennent percutantes. Quand nous témoignons de ce que la Bible dit de l'efficacité du sang de Jésus, c'est comme si nous prenions le sang de son contenant pour l'appliquer là où il le faut, à l'endroit où nous vivons. »

La parole de notre témoignage, c'est de proclamer, à voix haute si possible, d'une part ce que nous avons déjà obtenu par le sang de Jésus et d'autre part la puissance sans limite de ce sang précieux ainsi que sa totale victoire sur toutes choses. « Et ils règneront sur la terre » (Apocalypse 5, 10). « Nous régnerons aussi avec lui » (2 Timothée 2, 12).

Ainsi le sang de Jésus a la puissance de vaincre Satan. Andrew Murray, un auteur chrétien qui vécut de 1828 à 1917 a écrit dans son livre *The power of the blood* (ie. *La puissance du sang)* : « La victoire sur Satan et sur toute son autorité est par le sang de l'agneau. » Cette victoire, c'est celle de la puissance sans limites du Sang de Jésus contre la force anéantie et brisée du diable qui est et restera éternellement vaincu. Il n'existe aucun argument contre quelqu'un qui plaide le sang.

Aussi, plaidons le sang victorieux de Jésus, appliquons-le contre les œuvres du diable dans notre vie, ou dans celle de nos bien-aimés.

La puissance du sang de Jésus, enseignement sur www.changezvotrevie.pagesperso.fr (anciennement)

Prépare-toi à entrer pleinement dans ce combat
Au nom du Père, du Fils et du Saint-Esprit. Amen !

<u>Examen de conscience</u> : *Un petit silence pour te souvenir de tout ce qui, dans ta vie, peut déplaire à Dieu.*

Je confesse à Dieu tout puissant. Je reconnais devant mes frères que j'ai péché, en pensée, en parole, par action et par omission. Oui, j'ai vraiment péché. C'est pourquoi je supplie la Vierge Marie, les anges et tous les saints et vous aussi mes frères de prier pour moi le Seigneur notre Dieu.

Seigneur Jésus, confiant en la protection que m'assure ton précieux sang versé sur la Croix pour racheter ma vie, je renonce à Satan et à ses œuvres. Je proclame ma victoire sur Satan et la réussite de tous mes projets, au Nom de Jésus.

Dieu te parle aujourd'hui car Il n'est ni sourd, ni aveugle

« Le soir venu, on lui présenta beaucoup de démoniaques ; il chassa les esprits d'un mot, et il guérit tous les malades, afin que s'accomplît l'oracle d'Isaïe le prophète : Il a pris nos infirmités et s'est chargé de nos maladies. »

Matthieu 8, 16-17

« Alors on lui présenta un démoniaque aveugle et muet ; et il le guérit, si bien que le muet pouvait parler et voir. Frappées de stupeur, toutes les foules disaient : "Celui-là n'est-il pas le Fils de David ?" »

Matthieu 12, 22-23

« Mais grâces soient à Dieu, qui nous donne la victoire par notre Seigneur Jésus-Christ ! Ainsi donc, mes frères bien-aimés, montrez-vous fermes, inébranlables, toujours en progrès dans l'œuvre du Seigneur, sachant que votre labeur n'est pas vain dans le Seigneur. »

1 Corinthiens 15, 57-58

Méditation : Que signifient pour toi ces paroles que Dieu t'adresse aujourd'hui ? *(Prends le temps qui te convient pour bien méditer ces extraits bibliques.)*

Invite à présent l'archange saint Michel dans ton combat de ce jour

Saint Michel archange, par ta victoire sur Satan, Dieu t'a donné le pouvoir de libérer tous les hommes enchaînés et malmenés par les forces du mal.

Je sais que par amitié pour toi, le Seigneur transformera mes pleurs en joies et mes ténèbres en lumière si tu les portes avec moi. C'est pourquoi, je viens humblement quémander ton secours et ta sollicitude aujourd'hui, afin que la victoire du Sang du Christ se manifeste sur tous les plans de ma vie, notamment .... *(Énonce la situation pour laquelle tu fais cette prière.)*

Saint Michel archange, défends-moi dans mes combats de chaque jour. (Dire 3 fois.)

Amen.

***

Dire les prières quotidiennes (pages 26-27)

Prière Finale

Litanies à Saint Michel archange

Seigneur, ayez pitié de nous. Christ, ayez pitié de nous.
Jésus-Christ, écoutez-nous. Jésus-Christ exaucez-nous.
Père céleste, qui êtes Dieu, ayez pitié de nous.
Fils de Dieu, Rédempteur du monde, ayez pitié de nous.
Esprit-Saint, qui êtes Dieu, ayez pitié de nous.
Trinité Sainte, qui êtes un seul Dieu, ayez pitié de nous.
Sainte Marie, Reine des Anges, *priez pour nous.*
Saint Michel, chef des neuf chœurs des anges, *priez pour nous.*
Saint Michel, chef du paradis, *priez pour nous.*
Saint Michel, Prince de la Milice Céleste, *priez pour nous.*
Saint Michel, victorieux de Satan, *priez pour nous.*
Saint Michel, ange préféré de Dieu, *priez pour nous.*
Saint Michel, qui vous tenez près du trône de Dieu, *priez pour nous.*
Saint Michel, défenseur des anges, *priez pour nous.*
Saint Michel, défenseur de la Vierge Marie, *priez pour nous.*
Saint Michel, défenseur de l'Église catholique, *priez pour nous.*
Saint Michel, défenseur du Souverain Pontife, *priez pour nous.*
Saint Michel, défenseur des missions catholiques, *priez pour nous.*
Saint Michel, défenseur des âmes justes, *priez pour nous.*
Saint Michel, défenseur de la paix, *priez pour nous.*
Saint Michel, défenseur des confesseurs de la Foi, *priez pour nous.*

Saint Michel, libérateur des âmes du purgatoire, *priez pour nous.*

Saint Michel, bon envers les pécheurs convertis, *priez pour nous.*

Saint Michel, consolateur des affligés et opprimés, *priez pour nous.*

Saint Michel, notre intercesseur auprès de Dieu, *priez pour nous.*

Saint Michel, qui donnez à tous les hommes un ange gardien, *priez pour nous.*

Saint Michel, qui présentez à Dieu nos prières, *priez pour nous.*

Saint Michel, qui offrez à Dieu nos bonnes œuvres, *priez pour nous.*

Saint Michel, grand par la foi et la charité, *priez pour nous.*

Saint Michel, secourable envers les moribonds, *priez pour nous.*

Saint Michel, qui obtenez aux fidèles la prédestination, *priez pour nous.*

Saint Michel, terreur des démons, *priez pour nous.*

Saint Michel, reflet de la Divinité, *priez pour nous.*

Saint Michel, qui exercez sur l'Église et le monde votre autorité, *priez pour nous.*

Saint Michel, lumière des Docteurs, *priez pour nous.*

Saint Michel, force des apôtres et des missionnaires, *priez pour nous.*

Saint Michel, soutien des martyrs, *priez pour nous.*

Saint Michel, orné de toutes les grâces et de toutes les vertus, *priez pour nous.*

Saint Michel, gardien des vierges, *priez pour nous.*

Saint Michel, bienfaiteur de toutes les âmes, *priez pour nous.*

Saint Michel, notre guide et notre espérance, *priez pour nous.*

Agneau de Dieu, qui effacez les péchés du monde, pardonnez-nous Seigneur,

Agneau de Dieu, qui effacez les péchés du monde, exaucez-nous Seigneur,

Agneau de Dieu, qui effacez les péchés du monde, ayez pitié de nous.

Priez pour nous, Saint Michel archange, afin que nous devenions dignes des promesses du Christ.

Prions : Dieu Éternel et Tout-Puissant, qui nous avez donné l'archange saint Michel pour protecteur et défenseur, faites que nos prières nous obtiennent d'être toujours préservés de tout mal et des flammes de l'enfer. Nous vous le demandons par Jésus-Christ notre Seigneur. Amen.

Prière à saint Michel archange (Pape Léon XIII, 1884)

Saint Michel archange, défendez-nous dans le combat, soyez notre secours contre la malice et les embûches du démon. Que Dieu exerce sur lui son empire, nous vous en supplions. Et vous, Prince de la Milice Céleste, repoussez en enfer par la force divine, Satan et les autres esprits mauvais qui rôdent dans le monde en vue de perdre les âmes. Ainsi soit-il.

PARTAGEZ VOS TEMOIGNAGES

Si vous souhaitez partager vos témoignages suite à l'utilisation de cette prière, veuillez les envoyer à l'adresse mail : <u>kymmfr@yahoo.fr</u> ou <u>mkpodehoto@gmail.com</u>

Postface

Qui donc l'auteur de ce livre aurait-il pu choisir de mieux que l'archange Saint Michel pour le grand combat final dans lequel tous les catholiques sont engagés ?

Le 13 octobre 1884, à la fin de la célébration de la Messe, le Pape Léon XIII eut une vision terrifiante de l'enfer dans laquelle il entendit la voix de Satan qui menaçait de détruire l'Église. Voici ses paroles : *« J'ai vu la terre comme enveloppée de ténèbres et d'un abîme, j'ai vu sortir légion de démons qui se répandaient sur le monde pour détruire les œuvres de l'Église et s'attaquer à l'Église elle-même que je vis réduite à l'extrémité. Alors, saint Michel apparut et refoula les mauvais esprits dans l'abîme. Puis, j'ai vu saint Michel* archange *intervenir non à ce moment, mais bien plus tard, quand les personnes multiplieraient leurs prières ferventes envers l'*archange.*»* (cf. Revue *"L'Appel du Ciel"* n° 25 de septembre 2010, page 11.)

Inévitable, le combat spirituel est en même temps une source de croissance dans la foi. Il est donc nécessaire de découvrir la valeur de ce combat qui ne peut que concourir à notre bien, si nous le menons en vrais disciples du Christ.

Ce livre simple et profond, s'avère fort utile pour tous les priants. J'encourage vivement toutes les personnes qui l'utiliseront à se laisser fortifier pendant ces 21 jours, au terme desquels saint Michel aura agi avec puissance et fidélité.

Fabienne GUERRERO

Responsable de la communauté
« Les missionnaires de la Divine Miséricorde »,
en France

BIBLIOGRAPHIE

DOCUMENTS DE BASE
- *Catéchisme de l'Église Catholique*, Cerf, Paris, 1998.
- *Bible TOB* (Traduction Œcuménique de la Bible), Cerf, Paris, 1998.
- *Bible des Peuples* (Bible électronique), Bernard et Louis Hurault, Pascal Lebreton et Gérard Béton.
- *Bible de Jérusalem*, Cerf/Verbum Bible, Rome, 2002.
- Enseignements du 4ème séminaire de la vie dans l'Esprit-Saint, Renouveau Charismatique du Bénin.
- *Vivre la parole de Dieu au quotidien, Aumônerie des Cadres Catholiques et Personnalités Politiques du Bénin*, Imprimi potest, CEB, Cotonou, le 06 novembre 2008.
- *Dictionnaire Universel*, Edicef, 4ème éd. 2002.

OUVRAGES
- COOVI CHEKETE, E., *Jésus Coach de la prière*, éd. Mimshach, Bénin, 2013.
- EHOUNOU, P., *De la Sorcellerie à la lumière de Jésus-Christ*, Ed. St Paul de la Croix, Vol. 1, Abidjan, 2007.
- Abbé FANOU, P., *L'exorcisme face aux nouveaux défis de la sorcellerie*, Ed. la Croix du Bénin, Cotonou, 2008.
- FOURCHAUD, T., *Un Cri vers le Ciel*, Ephèse Diffusion, Paris, 2008.
- FOURCHAUD, T., *Occultisme, Qu'en penser ?*, Ephèse Diffusion, Paris, 2008.
- FOURCHAUD, T. & M., *Esprit-Saint qui es-tu ? Comment te connaître ?*, Ephèse Diffusion, Paris, 2009.
- FOURCHAUD, T. & M., *Je serai guéri !*, Ephèse Diffusion, Paris, 2006.

- PLIYA, J., *Des ténèbres à la lumière*, St Paul Editions Religieuses, Paris, 2002.
- PLIYA, J., *Priez comme un enfant de Roi*, Ed. F.-X. de Guibert, 3ème éd., Paris, 1998.
- Pape Benoît XVI, *Africae Munus, Exhortation Apostolique post-synodale*, Ed. la Croix du Bénin, Cotonou, 2011.

SITES INTERNET CONSULTES

- www.mariedenazareth.com
- www.evangelium-vitae.org
- www.bible.org
- www.saintespritdeverite.e-monsite.com
- www.vincent.detarle.perso.sfr.fr
- www.topchretien.jesus.net
- www.librairie-7ici.com
- www.livres-mystiques.com
- www.DivineRevelations.info
- www.godblessyou.e-monsite.com
- www.enseignemoi.com
- www.changezvotrevie.pagesperso.fr
- www.gallican.org
- www.danielle777.e-monsite.com
- http://perebonaventurenkoungatagne.unblog.fr

TABLE DES MATIÈRES

PREFACE 7
INTRODUCTION 10

1ère journée 23
Par la fidélité et la soumission de l'archange saint Michel,
sollicite la bienveillance de Dieu le Père
2ème journée 29
Par le rôle protecteur de la Croix qu'exerce l'archange saint Michel,
entre en intimité avec le Fils de Dieu
3ème journée 33
Par la fidélité de l'archange saint Michel,
reçois la plénitude du Saint-Esprit, source de tout combat spirituel
4ème journée 37
Par l'obéissance de l'archange saint Michel,
obtiens la réparation de tes mauvaises relations avec tes parents
5ème journée 41
Par la fidélité de l'archange saint Michel à la cour céleste,
reçois la grâce de pardonner à ceux qui te persécutent
et œuvrent à ta destruction
6ème journée 45
Par la force spirituelle de l'archange saint Michel, bénis et demande
la réussite pour tous ceux qui travaillent à ton échec
7ème journée 49
Par la bienveillance de l'archange saint Michel,
prie pour les âmes du purgatoire et bénéficie de leur secours
8ème journée 55
Avec l'assistance spirituelle de l'archange saint Michel,
obtiens la guérison des blessures intérieures, depuis ta conception

9ème journée 59
Par l'archange saint Michel, chef de l'armée céleste, brise tous les liens maléfiques volontaires ou involontaires, perturbant l'équilibre de ta vie

10ème journée 65
Obtiens par le combat de l'archange saint Michel, la destruction de tout le dispositif de Satan déployé dans l'invisible autour de toi

11ème journée 69
Par la force guerrière de l'archange saint Michel, obtiens la libération de ton âme que Satan manipule pour influencer ta vie

12ème journée 73
Obtiens l'intervention vigoureuse de l'archange saint Michel dans la destruction de toute attaque de Satan contre ton entourage, visant à briser ton élan de réussite

13ème journée 77
Par le bras vigoureux de l'archange saint Michel, verrouille toute porte d'entrée de l'ennemi dans ta vie

14ème journée 81
Grâce à la suprématie angélique de l'archange saint Michel, vis en intimité avec ton ange gardien

15ème journée 87
Par le pouvoir de justice de l'archange saint Michel, réussis sans brimer les autres

16ème journée 91
Obtiens par l'archange saint Michel, excellent stratège de l'armée céleste, la meilleure orientation de tes projets de vie

17ème journée 95
Par l'autorité céleste de l'archange saint Michel, obtiens les ressources (spirituelles, financières, humaines…) nécessaires à ta réussite

18ème journée 99
Par la grandeur de foi de l'archange saint Michel,
réalise ton projet sans renier ta foi en Jésus-Christ
19ème journée 103
Par la victoire de l'archange saint Michel,
proclame ta victoire sur l'échec
20ème journée 107
Avec l'archange saint Michel, proclame Marie
médiatrice de ta réussite
21ème journée 111
Avec l'archange saint Michel, proclame ta victoire au nom de Jésus

Prière Finale 115
Postface 118

BIBLIOGRAPHIE 119

Achevé d'imprimer en Novembre 2021 par
ROUDENNGRAFIK